Ebner-Eschenbach | Krambambuli

Marie von Ebner-Eschenbach

Krambambuli

und andere Erzählungen

Mit einem Nachwort von Sabrina Maag

Reclam

RECLAMS UNIVERSAL-BIBLIOTHEK Nr. 14338
1969, 2023 Philipp Reclam jun. Verlag GmbH,
Siemensstraße 32, 71254 Ditzingen
Gestaltung: Cornelia Feyll, Friedrich Forssman
Druck und Bindung: Esser printSolutions GmbH,
Untere Sonnenstraße 5, 84030 Ergolding
Printed in Germany 2024
RECLAM, UNIVERSAL-BIBLIOTHEK und
RECLAMS UNIVERSAL-BIBLIOTHEK sind eingetragene Marken der Philipp Reclam jun. GmbH & Co. KG, Stuttgart
ISBN 978-3-15-014338-4

www.reclam.de

Inhalt

Krambambuli

Vorliebe empfindet der Mensch für allerlei Gegenstände. Liebe, die echte, unvergängliche, die lernt er – wenn überhaupt – nur einmal kennen. So wenigstens meint der Herr Revierjäger Hopp. Wie viele Hunde hat er schon gehabt, und auch gern gehabt, aber lieb, was man sagt lieb und unvergesslich, ist ihm nur einer gewesen – der Krambambuli. Er hatte ihn im Wirtshause Zum Löwen in Wischau von einem vazierenden Forstgehilfen gekauft oder eigentlich eingetauscht. Gleich beim ersten Anblick des Hundes war er von der Zuneigung ergriffen worden, die dauern sollte bis zu seinem letzten Atemzuge. Dem Herrn des schönen Tieres, der am Tische vor einem geleerten Branntweingläschen saß und über den Wirt schimpfte, weil dieser kein zweites umsonst hergeben wollte, sah der Lump aus den Augen. Ein kleiner Kerl, noch jung und doch so fahl wie ein abgestorbener Baum, mit gelbem Haar und gelbem spärlichem Barte. Der Jägerrock, vermutlich ein Überrest aus der vergangenen Herrlichkeit des letzten Dienstes, trug die Spuren einer im nassen Straßengraben zugebrachten Nacht. Obwohl sich Hopp ungern in schlechte Gesellschaft begab, nahm er trotzdem Platz neben dem Burschen und begann sogleich ein Gespräch mit ihm. Da bekam er es denn bald heraus, dass der Nichtsnutz den Stutzen und die Jagdtasche dem Wirt bereits als Pfänder ausgeliefert hatte und dass er jetzt auch den Hund als solches hergeben möchte; der Wirt jedoch, der schmutzige Leuteschinder, wollte von einem Pfand, das gefüttert werden muss, nichts hören.

Herr Hopp sagte vorerst kein Wort von dem Wohlgefallen, das er an dem Hunde gefunden hatte, ließ aber eine

Flasche von dem guten Danziger Kirschbranntwein bringen, den der Löwenwirt damals führte, und schenkte dem Vazierenden fleißig ein. – Nun, in einer Stunde war alles in Ordnung. Der Jäger gab zwölf Flaschen von demselben Getränke, bei dem der Handel geschlossen worden – der Vagabund gab den Hund. Zu seiner Ehre muss man gestehen: nicht leicht. Die Hände zitterten ihm so sehr, als er dem Tiere die Leine um den Hals legte, dass es schien, er werde mit dieser Manipulation nimmermehr zurechtkommen. Hopp wartete geduldig und bewunderte im Stillen den trotz der schlechten Kondition, in welcher er sich befand, wundervollen Hund. Höchstens zwei Jahre mochte er alt sein, und in der Farbe glich er dem Lumpen, der ihn hergab, doch war die seine um ein paar Schattierungen dunkler. Auf der Stirn hatte er ein Abzeichen, einen weißen Strich, der rechts und links in kleine Linien auslief, in der Art wie die Nadeln an einem Tannenreis. Die Augen waren groß, schwarz, leuchtend von tauklaren, lichtgelben Reiflein umsäumt, die Ohren hoch angesetzt, lang, makellos. Und makellos war alles an dem ganzen Hunde von der Klaue bis zu der feinen Witternase; die kräftige, geschmeidige Gestalt, das über jedes Lob erhabene Piedestal. Vier lebende Säulen, die auch den Körper eines Hirsches getragen hätten und nicht viel dicker waren als die Läufe eines Hasen. Beim heiligen Hubertus! dieses Geschöpf musste einen Stammbaum haben, so alt und rein wie der eines deutschen Ordensritters.

Dem Jäger lachte das Herz im Leibe über den prächtigen Handel, den er gemacht. Er stand nun auf, ergriff die Leine, die zu verknoten dem Vazierenden endlich gelungen war, und fragte: »Wie heißt er denn?« – »Er heißt wie das, wofür

Ihr ihn kriegt: Krambambuli«, lautete die Antwort. – »Gut, gut, Krambambuli! So komm! Wirst gehen? Vorwärts!« – Ja, er konnte lange rufen, pfeifen, zerren – der Hund gehorchte ihm nicht, wandte den Kopf demjenigen zu, den er noch für seinen Herrn hielt, heulte, als dieser ihm zuschrie: »Marsch!« und den Befehl mit einem tüchtigen Fußtritt begleitete, suchte sich aber immer wieder an ihn heranzudrängen. Erst nach einem heißen Kampfe gelang es Herrn Hopp, die Besitzergreifung des Hundes zu vollziehen. Gebunden und geknebelt musste er zuletzt in einem Sacke auf die Schulter geladen und so bis in das mehrere Wegstunden entfernte Jägerhaus getragen werden.

Zwei volle Monate brauchte es, bevor der Krambambuli, halb totgeprügelt, nach jedem Fluchtversuche mit dem Stachelhalsband an die Kette gelegt, endlich begriff, wohin er jetzt gehöre. Dann aber, als seine Unterwerfung vollständig geworden war, was für ein Hund wurde er da! Keine Zunge schildert, kein Wort ermisst die Höhe der Vollendung, die er erreichte, nicht nur in der Ausübung seines Berufes, sondern auch im täglichen Leben als eifriger Diener, guter Kamerad und treuer Freund und Hüter. »Dem fehlt nur die Sprache«, heißt es von anderen intelligenten Hunden – dem Krambambuli fehlte sie nicht; sein Herr zum Mindesten pflog lange Unterredungen mit ihm. Die Frau des Revierjägers wurde ordentlich eifersüchtig auf den »Buli«, wie sie ihn geringschätzig nannte. Manchmal machte sie ihrem Manne Vorwürfe. Sie hatte den ganzen Tag, in jeder Stunde, in der sie nicht aufräumte, wusch oder kochte, schweigend gestrickt. Am Abend, nach dem Essen, wenn sie wieder zu stricken begann, hätte sie gern eins dazu geplaudert.

»Weißt denn immer nur dem Buli was zu erzählen,

Hopp, und mir nie? Du verlernst vor lauter Sprechen mit dem Vieh das Sprechen mit den Menschen.«

Der Revierjäger gestand sich, dass etwas Wahres an der Sache sei, aber zu helfen wusste er nicht. Wovon hätte er mit seiner Alten reden sollen? Kinder hatten sie nie gehabt, eine Kuh durften sie nicht halten, und das zahme Geflügel interessiert einen Jäger im lebendigen Zustande gar nicht und im gebratenen nicht sehr. Für Kulturen aber und für Jagdgeschichten hatte wieder die Frau keinen Sinn. Hopp fand zuletzt einen Ausweg aus diesem Dilemma; statt mit dem Krambambuli sprach er von dem Krambambuli, von den Triumphen, die er allenthalben mit ihm feierte, von dem Neide, den sein Besitz erregte, von den lächerlich hohen Summen, die ihm für den Hund geboten wurden und die er verächtlich von der Hand wies.

Zwei Jahre waren so vergangen, da erschien eines Tages die Gräfin, die Frau seines Brotherrn, im Hause des Jägers. Er wusste gleich, was der Besuch zu bedeuten hatte, und als die gute, schöne Dame begann: »Morgen, lieber Hopp, ist der Geburtstag des Grafen …«, setzte er ruhig und schmunzelnd fort: »Und da möchten Hochgräfliche Gnaden dem Herrn Grafen ein Geschenk machen und sind überzeugt, mit nichts anderem so viel Ehre einlegen zu können als mit dem Krambambuli.« – »Ja, ja, lieber Hopp …« Die Gräfin errötete vor Vergnügen über dieses freundliche Entgegenkommen und sprach gleich von Dankbarkeit und bat, den Preis nur zu nennen, der für den Hund zu entrichten wäre. Der alte Fuchs von einem Revierjäger kicherte, tat sehr demütig und rückte auf einmal mit der Erklärung heraus: »Hochgräfliche Gnaden! Wenn der Hund im Schlosse bleibt, nicht jede Leine zerbeißt, nicht jede Kette zerreißt, oder wenn er sie nicht zerreißen kann, sich bei den Versuchen, es zu tun, erwürgt, dann behalten ihn Hochgräfliche Gnaden umsonst – dann ist er mir nichts mehr wert.«

Die Probe wurde gemacht, aber zum Erwürgen kam es nicht, denn der Graf verlor früher die Freude an dem eigensinnigen Tiere. Vergeblich hatte man es durch Liebe zu gewinnen, mit Strenge zu bändigen gesucht. Es biss jeden, der sich ihm näherte, versagte das Futter und – viel hat der Hund eines Jägers ohnehin nicht zuzusetzen – kam ganz herunter. Nach einigen Wochen erhielt Hopp die Botschaft, er könne sich seinen Köter abholen. Als er eilends von der Erlaubnis Gebrauch machte und den Hund in seinem Zwinger aufsuchte, da gab's ein Wiedersehen, unermesslichen Jubels voll. Krambambuli erhob ein wahnsinniges Geheul, sprang an seinem Herrn empor, stemmte die Vorderpfoten auf dessen Brust und leckte die Freudentränen ab, die dem Alten über die Wangen liefen.

Am Abend dieses glücklichen Tages wanderten sie zusammen ins Wirtshaus. Der Jäger spielte Tarock mit dem Doktor und mit dem Verwalter. Krambambuli lag in der Ecke hinter seinem Herrn. Manchmal sah dieser sich nach ihm um, und der Hund, so tief er auch zu schlafen schien, begann augenblicklich mit dem Schwanze auf den Boden zu klopfen, als wollt er melden: Präsent! Und wenn Hopp, sich vergessend, recht wie einen Triumphgesang das Liedchen anstimmte: »Was macht denn mein Krambambuli?« richtete der Hund sich würde- und respektvoll auf, und seine hellen Augen antworteten: Es geht ihm gut!

Um dieselbe Zeit trieb, nicht nur in den gräflichen Forsten, sondern in der ganzen Umgebung eine Bande Wildschützen auf wahrhaft tolldreiste Art ihr Wesen. Der Anführer sollte ein verlottertes Subjekt sein. Den »Gelben« nannten ihn die Holzknechte, die ihn in irgendeiner übel berüchtigten Spelunke beim Branntwein trafen, die Heger, die ihm hie und da schon auf der Spur gewesen, ihm aber nie hatten beikommen können, und endlich die Kundschafter, deren er unter dem schlechten Gesindel in jedem Dorfe mehrere besaß.

Er war wohl der frechste Gesell, der jemals ehrlichen Jägersmännern etwas aufzulösen gab, musste auch selbst vom Handwerk gewesen sein, sonst hätte er das Wild nicht mit solcher Sicherheit aufspüren und nicht so geschickt jeder Falle, die ihm gestellt wurde, ausweichen können.

Die Wild- und Waldschäden erreichten eine unerhörte Höhe, das Forstpersonal befand sich in grimmigster Aufregung. Da begab es sich nur zu oft, dass die kleinen Leute, die bei irgendeinem unbedeutenden Waldfrevel ertappt wurden, eine härtere Behandlung erlitten, als zu anderer Zeit geschehen wäre und als gerade zu rechtfertigen war. Große Erbitterung herrschte darüber in allen Ortschaften. Dem Oberförster, gegen den der Hass sich zunächst wandte, kamen gutgemeinte Warnungen in Menge zu. Die Raubschützen, hieß es, hätten einen Eid darauf geschworen, bei der ersten Gelegenheit exemplarische Rache an ihm zu nehmen. Er, ein rascher, kühner Mann, schlug das Gerede in den Wind und sorgte mehr denn je dafür, dass weit und breit kundwerde, wie er seinen Untergebenen die rücksichtsloseste Strenge anbefohlen und für etwaige schlimme Folgen die Verantwortung selbst übernommen habe. Am häufigsten rief der Oberförster dem Revierjäger Hopp die scharfe Handhabung seiner Amtspflicht ins Gedächtnis und warf ihm zuweilen Mangel an »Schneid« vor;

wozu freilich der Alte nur lächelte. Der Krambambuli aber, den er bei solcher Gelegenheit von oben herunter anblinzelte, gähnte laut und wegwerfend. Übel nahmen er und sein Herr dem Oberförster nichts. Der Oberförster war ja der Sohn des Unvergesslichen, bei dem Hopp das edle Waidwerk erlernt, und Hopp hatte wieder ihn als kleinen Jungen in die Rudimente des Berufs eingeweiht. Die Plage, die er einst mit ihm gehabt, hielt er heute noch für eine Freude, war stolz auf den ehemaligen Zögling und liebte ihn trotz der rauen Behandlung, die er so gut wie jeder andere von ihm erfuhr.

Eines Junimorgens traf er ihn eben wieder bei einer Exekution.

Es war im Lindenrondell, am Ende des herrschaftlichen Parks, der an den »Grafenwald« grenzte, und in der Nähe der Kulturen, die der Oberförster am liebsten mit Pulverminen umgeben hätte. Die Linden standen just in schönster Blüte, und über diese hatte ein Dutzend kleiner Jungen sich hergemacht. Wie Eichkätzchen krochen sie auf den Ästen der herrlichen Bäume herum, brachen alle Zweige, die sie erwischen konnten, ab und warfen sie zur Erde. Zwei Weiber lasen die Zweige hastig auf und stopften sie in Körbe, die bereits mehr als zur Hälfte mit dem duftenden Raube gefüllt waren. Der Oberförster raste in unermesslicher Wut. Er ließ durch seine Heger die Buben nur so von den Bäumen schütteln, unbekümmert um die Höhe, aus der sie fielen. Während sie wimmernd und schreiend um seine Füße krochen, der eine mit zerschlagenem Gesicht, der andere mit ausgerenktem Arm, ein Dritter mit gebrochenem Bein, zerbleute er eigenhändig die beiden Weiber. In dem einen derselben erkannte Hopp die leichtfertige Dirne, die das Gerücht als die Geliebte des »Gelben« bezeichnete. Und als die Körbe und Tücher der Weiber und die Hüte der Buben in Pfand genommen wurden und Hopp den Auftrag bekam, sie aufs Gericht zu bringen, konnte er sich eines schlimmen Vorgefühls nicht erwehren.

Der Befehl, den ihm damals der Oberförster zurief, wild wie ein Teufel in der Hölle und wie ein solcher umringt von jammernden und gepeinigten Sündern, ist der letzte gewesen, den der Revierjäger im Leben von ihm erhalten hat. Eine Woche später traf er ihn wieder im Lindenrondell – tot. Aus dem Zustande, in dem die Leiche sich befand, war zu ersehen, dass sie hierher, und zwar durch Sumpf und Gerölle, geschleppt worden war, um an dieser Stelle aufgebahrt zu werden. Der Oberförster lag auf abgehauenen Zweigen, die Stirn mit einem dichten Kranz aus Lindenblüten umflochten, einen ebensolchen als Bandelier um die Brust gewunden. Sein Hut stand neben ihm, mit Lindenblüten gefüllt. Auch die Jagdtasche hatte der Mörder ihm gelassen, nur die Patronen herausgenommen und statt ihrer Lindenblüten hineingetan. Der schöne Hinterlader des Oberförsters fehlte und war durch einen elenden Schießprügel ersetzt. Als man später die Kugel, die seinen Tod verursacht hatte, in der Brust des Ermordeten fand, zeigte es sich, dass sie genau in den Lauf dieses Schießprügels passte, der dem Förster gleichsam zum Hohne über die Schulter gelegt worden war. Hopp stand beim Anblick der entstellten Leiche regungslos vor Entsetzen. Er hätte keinen Finger heben können, und auch das Gehirn war ihm wie gelähmt; er starrte nur und starrte und dachte anfangs gar nichts, und erst nach einer Weile brachte er es zu einer Beobachtung, einer stummen Frage: – Was hat denn der Hund?

Der Krambambuli beschnüffelt den toten Mann, läuft wie nicht gescheit um ihn herum, die Nase immer am Boden. Einmal winselt er, einmal stößt er einen schrillen Freudenschrei aus, macht ein paar Sätze, bellt, und es ist geradeso, als erwache in ihm eine längst erstorbene Erinnerung …

»Herein«, ruft Hopp, »da herein!« Und Krambambuli gehorcht, sieht aber seinen Herrn in allerhöchster Aufregung an, und – wie der Jäger sich auszudrücken pflegte – sagt ihm: »Ich bitte dich um alles in der Welt, siehst du denn nichts? Riechst du denn nichts? … O lieber Herr, schau doch! riech doch! O Herr, komm! Daher komm! …« Und tupft mit der Schnauze an des Jägers Knie und schleicht, sich oft umsehend, als frage er: Folgst du mir? zu der Leiche zurück und fängt an, das schwere Gewehr zu heben und zu schieben und ins Maul zu fassen, in der offenbaren Absicht, es zu apportieren.

Dem Jäger läuft ein Schauer über den Rücken, und allerlei Vermutungen dämmern in ihm auf. Weil das Spintisieren aber nicht seine Sache ist, es ihm auch nicht zukommt, der Obrigkeit Lichter aufzustecken, sondern vielmehr den grässlichen Fund, den er getan hat, unberührt liegen zu lassen und seiner Wege – das heißt in dem Fall recte zu Gericht – zu gehen, so tut er denn einfach, was ihm zukommt.

Nachdem es geschehen und alle Förmlichkeiten, die das Gesetz bei solchen Katastrophen vorschreibt, erfüllt, der ganze Tag und auch ein Stück der Nacht darüber hingegangen sind, nimmt Hopp, eh er schlafen geht, noch seinen Hund vor.

»Mein Hund«, spricht er, »jetzt ist die Gendarmerie auf den Beinen, jetzt gibt's Streifereien ohne Ende. Wollen wir es andern überlassen, den Schuft, der unsern Oberförster erschossen hat, wegzuputzen aus der Welt? – Mein Hund kennt den niederträchtigen Strolch, kennt ihn, ja, ja! Aber das braucht niemand zu wissen, das habe ich nicht ausgesagt … Ich, hoho! … Ich werd meinen Hund hineinbringen in die Geschichte … Das könnt mir einfallen!« Er beugte sich über Krambambuli, der zwischen seinen ausgespreizten Knien saß, drückte die Wange an den Kopf des Tieres und nahm seine dankbaren Liebkosungen in Empfang. Dabei summte er: »Was macht denn mein Krambambuli?« bis der Schlaf ihn übermannte.

Seelenkundige haben den geheimnisvollen Drang zu erklären gesucht, der manchen Verbrecher stets wieder an den Schauplatz seiner Untat zurückjagt. Hopp wusste von diesen gelehrten Ausführungen nichts, strich aber dennoch ruh- und rastlos mit seinem Hunde in der Nähe des Lindenrondells herum.

Am zehnten Tage nach dem Tode des Oberförsters hatte er zum ersten Mal ein paar Stunden lang an etwas anderes gedacht als an seine Rache und sich im »Grafenwald« mit dem Bezeichnen der Bäume beschäftigt, die beim nächsten Schlag ausgenommen werden sollten.

Wie er nun mit seiner Arbeit fertig ist, hängt er die Flinte wieder um und schlägt den kürzesten Weg ein, quer durch den Wald gegen die Kulturen in der Nähe des Lindenrondells. Im Augenblick, in dem er auf den Fußsteig treten will, der längs des Buchenzaunes läuft, ist ihm, als höre er etwas im Laube rascheln. Gleich darauf herrscht jedoch tiefe Stille, tiefe, anhaltende Stille. Fast hätte er gemeint, es sei nichts Bemerkenswertes gewesen, wenn nicht der Hund so merkwürdig dreingeschaut hätte. Der stand mit gesträubtem Haar, den Hals vorgestreckt, den Schwanz aufrecht, und glotzte eine Stelle des Zaunes an. Oho! dachte Hopp, wart, Kerl, wenn du's bist; trat hinter einen Baum und spannte den Hahn seiner Flinte. Wie rasend pochte ihm das Herz, und der ohnehin kurze Atem wollte ihm völlig versagen, als jetzt plötzlich, Gottes Wunder! – durch den Zaun der »Gelbe« auf den Fußsteig trat. Zwei junge Hasen hängen an seiner Waidtasche, und auf seiner Schulter, am wohlbekannten Juchtenriemen, der Hinterlader des Oberförsters. Nun wär's eine Passion, den Racker niederzubrennen aus sicherem Hinterhalt.

Aber nicht einmal auf den schlechtesten Kerl schießt der Jäger Hopp, ohne ihn angerufen zu haben. Mit einem Satze springt er hinter dem Baum hervor und auf den Fußsteig und schreit: »Gib dich, Vermaledeiter!« Und als der Wildschütz zur Antwort den Hinterlader von der Schulter reißt, gibt der Jäger Feuer … All ihr Heiligen – ein sauberes Feuer! Die Flinte knackst, anstatt zu knallen. Sie hat zu lange mit aufgesetzter Kapsel im feuchten Wald am Baum gelehnt – sie versagt.

Gute Nacht, so sieht das Sterben aus, denkt der Alte … Doch nein – er ist heil, sein Hut nur fliegt, von Schroten durchlöchert, ins Gras …

Der andere hat auch kein Glück; das war der letzte Schuss in seinem Gewehr, und zum nächsten zieht er eben erst die Patrone aus der Tasche …

»Pack an!«, ruft Hopp seinem Hunde heiser zu: »Pack an!« Und: »Herein, zu mir! Herein, Krambambuli!«, lockt es drüben mit zärtlicher, liebevoller – ach, mit altbekannter Stimme …

Der Hund aber – –

Was sich nun begab, begab sich viel rascher, als man es erzählen kann.

Krambambuli hatte seinen ersten Herrn erkannt und rannte auf ihn zu, bis – in die Mitte des Weges. Da pfeift Hopp, und der Hund macht kehrt, »der Gelbe« pfeift, und der Hund macht wieder kehrt und windet sich in Verzweiflung auf einem Fleck, in gleicher Distanz von dem Jäger wie von dem Wildschützen, zugleich hingerissen und gebannt …

Zuletzt hat das arme Tier den trostlos unnötigen Kampf aufgegeben und seinen Zweifeln ein Ende gemacht, aber nicht seiner Qual. Bellend, heulend, den Bauch am Boden, den Körper gespannt wie eine Sehne, den Kopf emporgehoben, als riefe es den Himmel zum Zeugen seines Seelenschmerzes an, kriecht es – seinem ersten Herrn zu.

Bei dem Anblick wird Hopp von Blutdurst gepackt. Mit zitternden Fingern hat er die neue Kapsel aufgesetzt – mit ruhiger Sicherheit legt er an. Auch »der Gelbe« hat den Lauf wieder auf ihn gerichtet. Diesmal gilt's! Das wissen die beiden, die einander auf dem Korn haben, und was auch in ihnen vorgehen möge, sie zielen so ruhig wie ein paar gemalte Schützen.

Zwei Schüsse fallen. Der Jäger trifft, der Wildschütz fehlt.

Warum? Weil er – vom Hunde mit stürmischer Liebkosung angesprungen – gezuckt hat im Augenblick des Losdrückens. »Bestie!«, zischt er noch, stürzt rücklings hin und rührt sich nicht mehr.

Der ihn gerichtet, kommt langsam herangeschritten. Du hast genug, denkt er, um jedes Schrotkorn wär's schad bei dir. Trotzdem stellt er die Flinte auf den Boden und lädt von neuem. Der Hund sitzt aufrecht vor ihm, lässt die Zunge heraushängen, keucht kurz und laut und sieht ihm zu. Und als der Jäger fertig ist und die Flinte wieder zur Hand nimmt, halten sie ein Gespräch, von dem kein Zeuge ein Wort vernommen hätte, wenn es auch statt eines toten ein lebendiger gewesen wäre.

»Weißt du, für wen das Blei gehört?«

»Ich kann es mir denken.«

»Deserteur, Kalfakter, pflicht- und treuvergessene Kanaille!«

»Ja, Herr, jawohl.«

»Du warst meine Freude. Jetzt ist's vorbei. Ich habe keine Freude mehr an dir.«

»Begreiflich, Herr«, und Krambambuli legte sich hin, drückte den Kopf auf die ausgestreckten Vorderpfoten und sah den Jäger an.

Ja, hätte das verdammte Vieh ihn nur nicht angesehen! Da würde er ein rasches Ende gemacht und sich und dem Hunde viel Pein erspart haben. Aber so geht's nicht! Wer könnte ein Geschöpf niederknallen, das einen so ansieht? Herr Hopp murmelt ein halbes Dutzend Flüche zwischen den Zähnen, einer gotteslästerlicher als der andere, hängt die Flinte wieder um, nimmt dem Raubschützen noch die jungen Hasen ab und geht.

Der Hund folgte ihm mit den Augen, bis er zwischen den Bäumen verschwunden war, stand dann auf, und sein mark- und beinerschütterndes Wehgeheul durchdrang den Wald. Ein paar Mal drehte er sich im Kreise und setzte sich wieder aufrecht neben den Toten hin. So fand ihn die gerichtliche Kommission, die, von Hopp geleitet, bei sinkender Nacht erschien, um die Leiche des Raubschützen in Augenschein zu nehmen und fortschaffen zu lassen. Krambambuli wich einige Schritte zurück, als die Herren herantraten. Einer von ihnen sagte zu dem Jäger: »Das ist ja Ihr Hund.« – »Ich habe ihn hier als Schildwache zurückgelassen«, antwortete Hopp, der sich schämte, die Wahrheit zu gestehen. – Was half's? Sie kam doch heraus, denn als die Leiche auf den Wagen geladen war und fortgeführt wurde, trottete Krambambuli gesenkten Kopfes und mit eingezogenem Schwanze hinterher. Unweit der Totenkammer, in der »der Gelbe« lag, sah ihn der Gerichtsdiener noch am folgenden Tage herumstreichen. Er gab ihm einen Tritt und rief ihm zu: »Geh nach Hause!« – Krambambuli fletschte die Zähne gegen ihn und lief davon; wie der Mann meinte, in der Richtung des Jägerhauses. Aber dorthin kam er nicht, sondern führte ein elendes Vagabundenleben.

Verwildert, zum Skelett abgemagert, umschlich er einmal die armen Wohnungen der Häusler am Ende des Dorfes. Plötzlich stürzte er auf ein Kind los, das vor der letzten Hütte stand, und entriss ihm gierig das Stück Brot, von dem es aß. Das Kind blieb starr vor Schrecken, aber ein kleiner Spitz sprang aus dem Hause und bellte den Räuber an. Dieser ließ sogleich seine Beute fahren und entfloh.

Am selben Abend stand Hopp vor dem Schlafengehen am Fenster und blickte in die schimmernde Sommernacht hinaus. Da war ihm, als sähe er jenseits der Wiese am Waldessaum den Hund sitzen, die Stätte seines ehemaligen Glückes unverwandt und sehnsüchtig betrachtend – der Treueste der Treuen, herrenlos!

Der Jäger schlug den Laden zu und ging zu Bette. Aber nach einer Weile stand er auf, trat wieder ans Fenster – der

Hund war nicht mehr da. Und wieder wollte er sich zur Ruhe begeben und wieder fand er sie nicht.

Er hielt es nicht mehr aus. Sei es, wie es sei! … Er hielt es nicht mehr aus ohne den Hund. – Ich hol ihn heim, dachte er, und fühlte sich wie neugeboren nach diesem Entschluss.

Beim ersten Morgengrauen war er angekleidet, befahl seiner Alten, mit dem Mittagessen nicht auf ihn zu warten, und sputete sich hinweg. Wie er aber aus dem Hause trat, stieß sein Fuß an denjenigen, den er in der Ferne zu suchen ausging. Krambambuli lag verendet vor ihm, den Kopf an die Schwelle gepresst, die zu überschreiten er nicht mehr gewagt hatte.

Der Jäger verschmerzte ihn nie. Die Augenblicke waren seine besten, in denen er vergaß, dass er ihn verloren hatte. In freundliche Gedanken versunken, intonierte er dann sein berühmtes: »Was macht denn mein Krambam …« Aber mitten in dem Worte hielt er bestürzt inne, schüttelte das Haupt und sprach mit einem tiefen Seufzer: »Schad um den Hund!«

Die Spitzin

Zigeuner waren gekommen und hatten ihr Lager beim Kirchhof außerhalb des Dorfes aufgeschlagen. Die Weiber und Kinder trieben sich bettelnd in der Umgebung herum, die Männer verrichteten allerlei Flickarbeit an Ketten und Kesseln und bekamen die Erlaubnis, so lange dazubleiben, als sie Beschäftigung finden konnten und einen kleinen Verdienst.

Diese Frist war noch nicht um, eines Sommermorgens aber fand man die Stätte, an der die Zigeuner gehaust hatten, leer. Sie waren fortgezogen in ihren mit zerfetzten Plachen überdeckten, von jämmerlichen Mähren geschleppten Leiterwagen. Von dem Aufbruch der Leute hatte niemand etwas gehört noch gesehen; er musste des Nachts in aller Stille stattgefunden haben.

Die Bäuerinnen zählten ihr Geflügel, die Bauern hielten Umschau in den Scheunen und Ställen. Jeder meinte, die Landstreicher hätten sich etwas von seinem Gute angeeignet und dann die Flucht ergriffen. Bald aber zeigte sich, dass die Verdächtigen nicht nur nichts entwendet, sondern sogar etwas dagelassen hatten. Im hohen Grase neben der Kirchhofmauer lag ein splitternacktes Knäblein und schlief. Es konnte kaum zwei Jahre alt sein und hatte eine sehr weiße Haut und spärliche hellblonde Haare. Die Witwe Wagner, die es entdeckte, als sie auf ihren Rübenacker ging, sagte gleich, das sei ein Kind, das die Zigeuner, Gott weiß wann, Gott weiß wo, gestohlen und jetzt weggelegt hätten, weil es elend und erbärmlich war und ihnen niemals nützlich werden konnte.

Sie hob das Bübchen vom Boden auf, drehte und wendete es und erklärte, es müsse gewiss irgendwo ein Merkmal haben, an dem seine Eltern, die ohne Zweifel in Qual und Herzensangst nach ihm suchten, es erkennen würden, »wenn man das Merkmal in die Zeitung setze«. Doch ließ sich kein besonderes Merkmal entdecken und auch später trotz aller Nachforschungen, Anzeigen und Kundmachungen weder von den Zigeunern noch von der Herkunft des Kindes eine Spur finden.

Die alte Wagnerin hatte es zu sich genommen und ihre Armut mit ihm geteilt, nicht nur aus Gutmütigkeit, sondern auch in der stillen Hoffnung, dass seine Eltern einmal kommen würden in Glanz und Herrlichkeit, es abzuholen und ihr hundertfach zu ersetzen, was sie für das Kindlein getan hatte. Aber sie starb nach mehreren Jahren, ohne den erwarteten Lohn eingeheimst zu haben, und jetzt wusste niemand, wohin mit ihrer Hinterlassenschaft – dem Findling. Ein Armenhaus gab es im Dorfe nicht, und die Barmherzigkeit war dort auch nicht zu Hause. Wen um Gottes willen ging das halbverhungerte Geschöpf etwas an, von dem man nicht einmal wusste, ob es getauft war? »Einen christlichen Namen darf man ihm durchaus nicht geben«, hatte der Küster von Anfang an unter allgemeiner Zustimmung erklärt, aber auf die Frage der Wagnerin: »Was denn für einen?« keine Antwort gewusst. »Geben S' ihm halt einen provisorischen«, war die Entscheidung gewesen, die endlich der Herr Lehrer getroffen, und die halb taube Alte hatte nur die zwei ersten Silben verstanden und den Jungen Provi und nach seinem Fundorte Kirchhof genannt. Nach ihrem Tode waren alle darüber einig, dass dem Provi Kirchhof nichts Besseres zu wünschen sei als eine recht baldige Erlösung von seinem jämmerlichen Dasein. Der Armselige lebte vom Abhub, kleidete sich in Fetzen – abgelegtes Zeug, ob von kleinen Jungen, ob von kleinen Mädchen galt gleich –, ging barhäuptig und barfüßig, wurde geprügelt, beschimpft, verachtet und gehasst und prügelte, beschimpfte, verachtete und hasste wieder. Als für ihn die Zeit kam, die Schule zu besuchen, erhielt er dort zu den zwei schönen Namen, die er schon hatte, einen dritten: »der Abschaum«, und tat, was in seinen Kräften lag, um ihn zu rechtfertigen.

Da war im Orte die brave Schoberwirtin. Im vergangenen Herbst hatte Provi in einem Winkel ihrer Scheuer eine Todeskrankheit durchgemacht, ohne Arzt und ohne Pflege. Nur die Schoberin war täglich nachsehen gekommen, ob es nicht schon vorbei sei mit ihm, und hatte ihm jeden Morgen ein Krüglein voll Milch hingestellt. Die Gewohnheit, ihm ein Frühstück zu spenden, behielt sie bei, auch nachdem er gesund geworden war. Pünktlich um fünf fand er sich ein, blieb auf der Schwelle der Wirtsstube stehen und rief: »Mei Müalch!« Er bekam das Verlangte und ging seiner Wege. Einmal aber ereignete sich etwas ganz Ungewöhnliches. Der Wirt, der sonst seinen Abendrausch regelmäßig im Bette ausschlief, hatte ihn diese Nacht auf der Bank in der Wirtsstube ausgeschlafen und erwachte in dem Augenblick, als Provi auf die Schwelle trat und rief: »Mei Müalch!«

Was sagte der Lackel? Was wollte er? Schober dehnte und reckte sich. Ein verflucht kantiges Lager hatte er gehabt, seine Glieder schmerzten ihn, und seine Laune war schlecht. Der grobe Klotz Provi fand heute an ihm einen groben Keil. »Nicht zu verlangen, zu bitten hast, du Lump! Kannst nicht bitten?«

Der Junge riss die farblosen Augen auf, sein schmales

Gesicht wurde noch länger als sonst, der große, blasse Mund verzog sich und sprach: »Na!«

Die Früchte, die ihm dieses Wort eintragen sollte, reiften sogleich. Schober sprang auf ihn zu, verabreichte ihm sein Frühstück in Gestalt einer tüchtigen Tracht Prügel und warf ihn zur Tür hinaus. Solche kleine Zwischenfälle machten aber keinen Eindruck auf den Jungen. Wie alltäglich fand er sich am nächsten Morgen wieder ein und forderte in gewohnter Weise »seine« Milch. Die Wirtin gab sie ihm, aber eine gute Lehre dazu: »Du musst bitten lernen, Bub, weißt? – bitten. Bist schon alt genug, bist gwiss – ja, wenn man bei dir nur was gwiss wüsst! –, gwiss schon vierzehn. Also merk dir, von morgen an: Wenn's kein Bitten gibt, gibt's keine Milch.« Sie blieb dabei, ob es ihr auch schwer wurde. Wie schwer, sah Provi wohl, und es war ihm ein Genuss, eine Befriedigung seiner Lumpeneitelkeit. Ihm, dem Ausgestoßenen, dem Namenlosen, war Macht gegeben, der reichsten Frau im ganzen Orte Stunden zu trüben und die Laune zu verderben. Sie blickte ihm mit Bekümmernis nach, wenn er ohne Gruß an ihrer Tür vorüberging, zur Arbeit in den Steinbruch.

Dort taglöhnerte er jetzt beim Wegemacher, der ihn in Kost genommen und ihm ein Obdach im Ziegenstall gegeben hatte. Der Wegemacher brauchte nicht wie die andern Leute den Umgang mit Provi für seine Kinder zu fürchten. Die fünf Wegemacherbuben konnte der Auswürfling nichts Böses lehren, sie wussten ohnehin schon alles und waren besonders Meister in der Tierquälerei. Die Ziegen, Kaninchen, die Hühner, die ihnen untertan waren, und der Haushund, die unglückliche Spitzin, gaben Zeugnis davon, ihre Narben erzählten davon und ihre beschädigten Beine und ihre gebrochenen Flügel. Provi fand sein Ergötzen an dem Anblick der Rohheit, den er jetzt stündlich genießen konnte. Er fing für die kleineren der Buben Vögel ein und gab sie ihnen »zum Spielen«, und diese Opfer konnten von Glück sagen, wenn sie kein allzu zähes Leben hatten.

Das ärmste von den armen Tieren der Wegemacherfamilie war aber die alte Spitzin. Sie lief nur noch auf drei Beinen und hatte nur noch ein Auge. Ein Fußtritt des Erstgeborenen unter ihren Peinigern hatte sie krumm, ein Steinwurf sie halb blind gemacht. Trotz dieser Defekte trug sie ihr impertinentes Näschen hoch und ihr Schwänzchen aufrecht, bellte jeden fremden Hund, der sich blicken ließ, wütend an, und ihre Beschimpfungen gellten ihm auf seinem Rückzuge nach. Die Söhne des Wegemachers fürchtete, ihn selbst hasste sie, weil er ihr ihre kaum geborenen Jungen immer wegnahm und, bis auf ein einziges, in den See warf.

Zur Zeit, in der Provi beim Wegemacher Steine klopfte und Sand siebte, bekam die Spitzin noch im Greisenalter abermals Junge, ihrer vier, von denen drei gleich ins Wasser mussten. Sie konnte kaum eines mehr ernähren, sie war zu alt und zu schwach, und es sah ganz danach aus, als ob sie nicht mehr lange leben sollte. Das Geschäft des Ersäufens übertrug der Vater an jenem Tage seinem Ältesten, dem Anton, und dem machte etwas, das einem anderen Geschöpfe weh tat, dieses Mal kein Vergnügen. Die Spitzin war bissig wie ein Wolf, wenn sie Junge hatte.

»Der Vater fürcht si vor ihr«, sagte Anton zu Provi, »drum schickt er mi. Komm mit, halt sie, wenn ich ihr die Jungen nimm, halt ihrs Maul zu, dass s' mi nit beißen kann.«

Im Holzverschlag neben dem Ziegenstalle, auf einer

Handvoll Stroh, lag zusammengeringelt die schwarze Spitzin, und unter ihr und um sie herum krabbelten ihre Kleinen und winselten und suchten mit blinden Augen und tasteten mit weichen, hilflosen Pfötchen.

Die Spitzin hob den Kopf, als die Knaben sich ihr näherten, ließ ein feindseliges Knurren vernehmen, fletschte die Zähne.

»Dummes Viech, grausliches!«, schrie Anton und streckte halb zornig, halb ängstlich die Hand nach einem der Hündchen aus. »Halt sie! halt sie! dass s' mi nit beißt!«

Schon recht, wenn s' di beißt, dachte Provi. Es fiel ihm nicht ein, sich um Antons willen in einen gefährlichen Kampf mit der Hündin einzulassen; nur um die eigene Sicherheit war ihm zu tun, und so nahm er seine Zuflucht zu einer Kriegslist, kauerte auf den Boden nieder und hob mit kläglicher Stimme an: »O die orme Spitzin, no jo, no jo! Ruhig, orme Spitzin, so, so … ma tut ihr jo nix, ma nimmt ihr jo nur ihre Jungen, no jo, no jo!«

Die Spitzin zauderte, knurrte noch ein wenig, doch mehr behaglich jetzt als bösartig. Die Worte, die Provi zu ihr sprach, verstand sie nicht, aber ihren sanften, beschwichtigenden Ton verstand sie, und dem glaubte sie. Was wusste die Spitzin von Arglist und Heuchelei? Ein Mensch sprach einmal gütig zu ihr, so war auch seine Meinung gütig. Sie legte sich wieder hin, ließ sich streicheln, schloss bei der ungewohnt wohltuenden Berührung wie zu wonnigem Schlafe ihr Auge. Die Schnauze steckte sie in Provis hohle Hand und leckte sie ihm dankbar und zärtlich.

»No – also no!«, rief er den Kameraden an: »Pack s' z'amm. Mach gschwind!«

Anton griff zu, und im nächsten Augenblicke sprang er

auch schon mit drei Hündchen in den Armen aus dem Verschlag, in großen, fröhlichen Sätzen über die Straße, die Uferböschung zum See hinab. Provi folgte ihm eiligst nach; den Hauptspaß, mit anzusehen, wie die Hündchen ertränkt wurden, konnte er sich nicht entgehen lassen.

Es war merkwürdig, dass von nun an die Nachbarschaft der Spitzin dem Provi völlig widerwärtig zu werden begann. Nur schlecht gefügte Bretter trennten seine Schlafstätte von der ihren, und jede Nacht störte sie ihn mit ihrem Gewinsel. Im Kopfe der Alten war ein »Radel laufet« worden, sonst hätte sie doch nach einiger Zeit begriffen: Die Jungen sind fort und nie, nie mehr zu finden, und man muss endlich aufhören, nach ihnen zu suchen. Dieses Mal hörte sie nicht auf. Sie musste von einem Tag zum andern immer wieder vergessen, dass sie gestern schon alle Winkel umsonst durchsucht hatte. Sie schnüffelte, sie kratzte an der Tür, scharrte ihr bisschen Stroh auseinander und wieder zusammen, kroch hinter den Holzstoß, drängte sich in die Ecke, in der die Werkzeuge lehnten, warf einmal ein paar Schaufeln um und flüchtete voll Entsetzen. Eine Zeitlang war Ruhe, dann trippelte sie wieder herum und suchte und suchte! Und ihr Trippeln weckte ihn, an dem früher die brüllenden Rinderherden vorübergezogen waren, ohne ihn im Schlafe zu stören. Wenn er schlief, schlief er, verschlief Hunger und Müdigkeit; dazu vor allem brauchte er den bombenfesten Schlaf, um den er plötzlich gekommen war, denn jetzt schrak er auf beim Herumgehen und Schnüffeln der Alten. Und kalte Schweißtropfen liefen ihm über die Stirn in der »Baracken«, der den ganzen Tag die Sonne aufs Dach schien und in der es so heiß war, dass es in der Hölle nicht heißer sein kann … Ob das auch mit rechten Dingen zuging, ob nicht etwas Übernatürliches dahintersteckte? Freilich, der Anton sagt, es gibt nix Übernatürliches. Aber der Allergescheiteste ist der Anton am Ende doch nicht, und dem Provi ist manchmal sogar vorgekommen, dass er ein großer Esel ist; was man allerdings nicht sagen darf, ohne furchtbar gedroschen zu werden von ihm und von seinem Vater; Provi weiß das aus Erfahrung.

An den Wegemacherleuten hatte er seine Meister gefunden, die bändigten ihn mit Schlägen und mit Hunger. »Sticht dich der Hafer?« hieß es bei der geringsten Widersetzlichkeit, und von der elenden und ungenügenden Ration zog ihm sein Herr die Hälfte ab.

Jeder andere wäre schon draufgegangen, sagte er sich selbst; er jedoch wollte nicht draufgehen, er wollte noch viel Zeit haben, um den Menschen alles Böse, das sie ihm getan hatten, mit Bösem zu vergelten. Dass es auch einige gab, die ihm Gutes getan hatten, war längst vergessen; und was die Schoberwirtin betraf, die alte Hex, gegen die hegte er einen unversöhnlichen Groll. Warum schenkte sie ihm nichts mehr, sie, die so vieles Geld hatte und so viele Sachen? Sie wusste gewiss nicht, wohin mit ihrem Reichtum, und gab doch nichts umsonst, wollte gebeten werden um ein paar armselige Tropfen Milch. Wie sie ihn ansah, wenn er vorüberging … Förmlich herausfordernd: So bitt doch! – Die Krot, die! die konnte warten. Einmal hatte sie ihn gar angesprochen: »Du schaust aus! Wie der leibhaftige Hunger schaust aus! Hast noch nicht bitten glernt?« Er rief ihr ein freches Schimpfwort zu und schritt weiter.

Eine Woche verging. Immer noch hatte die Spitzin sich nicht ganz beruhigt, suchte und schnüffelte immer noch, besonders bei Nacht, in ihrem Verschlage herum. So geschah es, dass sie den Provi einst zu besonders unglücklicher Stunde weckte. Er hatte sich so spät erst auf seiner Lagerstätte aus Hobelspänen und schmutzigem Heu hinstrecken können, weil er noch, nach beendetem Arbeitstage, die Ziegen, die der Wegemacher ins nächste Dorf verkauft, dorthin hatte treiben müssen. Und auch jetzt kein Ende der verfluchten Plackerei, nicht wenigstens ein paar Stunden ungestörten Schlafes? Die Spitzin scharrte und suchte und suchte, und Provi drohte und polterte mit den Füßen gegen die Bretterwand. Sie gab nach, ein Stück von ihr fiel krachend hinüber ins Bereich der Spitzin. Sie stieß ein erschrockenes Gebell hervor, das Kleine winselte, dann war alles still. »Teixel überananđer, wirst jetzt an Fried geben, Rabenviech?«, murmelte Provi und legte sich zurecht und zog die Knie bis zum Kinn herauf, denn so »schlief es sich ihm am besten«. Aber just jetzt wollte es mit dem Einschlafen nicht gehen, trotz der Stille und trotz seiner Erschöpfung und trotz seiner Schlaftrunkenheit! Allerlei Gedanken kamen einhergeschlichen, ganz neue Gedanken, nie von ihm gedachte. Ja, die Spitzin war ein Rabenviech mit ihrer Sucherei; wenn aber seine Mutter auch so gewesen wäre wie sie und so rastlos nach ihm gesucht hätte, sie hätte ihn gewiss gefunden; er hatte ja in der Zeitung gestanden, er war angeschlagen gewesen auf dem Bezirksamt. Am End hat sie sich's gar nicht verlangt, ihn zu finden. Die Zigeuner haben ihn am End gar nicht gestohlen, seine Mutter – »die miserabliche!« hat ihn ihnen am End geschenkt, noch draufgezahlt vielleicht, dass sie ihn nehmen … No jo! vielleicht wird sie sich seiner geschämt haben, war vielleicht was Hohes, eine Bauerstochter oder eine Wirtstochter … Verfluchter Kuckuck! wenn sie so eine Wirtstochter gewesen wäre und ihn behalten hätte ... Alle Sonntag würde er sich seinen Rausch angetrunken haben, und den Montag hätte er immer blaugemacht und im Wirtshaus und auf der Kegelbahn geraucht, getrunken, gerauft. Ein Götterleben malte er sich aus, als – verfluchtes Rabenviech! die Spitzin nebenan wieder anfing zu stöhnen und zu kratzen und ihn aus seinen Träumen riss, die so wonnig gewesen waren. Voll Zorn richtete er sich auf, nahm ein Scheit Holz, trat über die niedergeworfenen Bretter in den Verschlag des Hundes und führte knirschend wuchtige Schläge gegen den Boden, auf dem die Spitzin im Dunkeln ängstlich umherschoss. Er sah nicht, wohin er traf, er drosch zu nach rechts und nach links, vorwärts und rückwärts, und endlich – da hatte er sie erwischt, da zuckte etwas Weiches, Lebendiges unter seinem wütend geführten Hieb. Ein kurzes, klägliches – ein anklagendes Geheul ertönte, gellte grell und förmlich schmerzhaft an Provis Ohr. Es überrieselte ihn. Was für ein seltsames Geheul das gewesen war ... No jo – das »Rabenviech« hat jetzt genug, wird Ruh geben, eine Weile wenigstens.

Er kehrte zu seiner Lagerstätte zurück, kauerte sich zusammen und schlief gleich ein.

Nach ein paar Stunden erwachte er plötzlich. Die aufgehende Sonne sandte einen feurigen Strahl aus, der ihm durch eine Luke in der Tür des Verschlages und durch die Bresche in der Wand leuchtend rot ins Gesicht blitzte. Er öffnete die Augen und stand auf. Die Spitzin kam ihm plötzlich und recht unbehaglich ins Gedächtnis. Wenn er sie »so« totgeschlagen haben sollte heute nachts, würde der Wegemacher, der keinen Eingriff in sein Eigentum duldete, schwerlich versäumen, ihn selbst halb totzuschlagen.

No jo! dachte er und fuhr mit den zehn Fingern durch seine staubigen Haare, um die Heustängel zu entfernen, die sich in ihnen verfangen hatten.

Da rührte sich etwas zwischen den Brettern, da kroch es langsam heran. Die Spitzin kroch heran und schleppte ihr Junges im Maul herbei. Sie hatte es an der Nackenhaut gefasst und benetzte es mit ihrem Blute; denn es floss Blut aus ihrem Maule, ein dünner Faden, die Brust entlang. Zu Provi schleppte sie ihr Junges, legte es vor ihn nieder, drückte es mit ihrer Schnauze an seine nackten Füße und sah zu ihm hinauf.

Und ihr Auge hatte eine Sprache, beredter als jede Sprache, die die schönsten Worte bilden kann. Sie äußerte ein grenzenloses Vertrauen, eine flehentliche Bitte, und man musste sie verstehen. Wie das Sonnenlicht durch die geschlossenen Lider Provis gedrungen war, so drang der Ausdruck dieses Auges durch den Panzer, der bisher jede gute Regung von der Seele des Buben ferngehalten hatte.

– »Jo! jo!« stahl es sich von seinen Lippen. Er antwortete ihr, die nun hinfiel, zuckte, sich streckte … die er erschlagen hatte und die gekommen war, ihm sterbend ihr Kleines anzuvertrauen.

Provi zitterte. Eine fremde, unwiderstehliche Macht ergriff ihn, umwirbelte ihn wie ein Sturm. Sie warf ihn nieder, sie zwang ihn, sein Gesicht auf das Gesicht des toten Hundes zu pressen und ihn zu küssen und zu liebkosen. Sie war's, die aus ihm schrie: Jo du! Jo du! – du bist a Muatta gwest! Sein Herz wollte ihm zerspringen, ein Strom von wildem Leid, von quälender Pein durchtobte es und erschütterte es bis auf den Grund. Ein vom himmlischen Schmerze des Mitleids erfülltes Kind wand sich schluchzend auf dem Boden und weinte um die alte Spitzin und weinte über ihr Kleines, das sich an seine Mutter drängte und sie anwinselte und Nahrung suchte an dem früher schon so spärlich fließenden und jetzt gänzlich versiegten Quell.

»'s is aus, da kriegst nix mehr«, sagte Provi, nahm das Hündchen in seine Hände, legte es an seine Wange und hauchte es an; es zitterte und winselte gar so kläglich. »Hunger hast, Hunger hast, no jo! no jo!« – Was anfangen mit dem anvertrauten Gut? »Verfluchter Kuckuck«, wenn doch noch die Ziegen da wären! Er würde eine melken, er tät's, trotz der schrecklichen Strafe, die drauf steht. Aber die Ziegen sind fort, und bis ihm jemand im Wegemacherhaus einen Tropfen Milch für einen Hund schenkt, da kann er lang warten. Ins Wasser dermit! wird's heißen, sobald sie hören, dass die Spitzin tot ist.

»Ins Wasser kummst«, sagte er zum Hündchen, das etwas von dem guten Glauben der Mutter an ihn geerbt haben musste; es schmiegte sich an seinen Hals, saugte an seinem Ohrläppchen und klagte ihm seinen Hunger mit Stöhnen und Wimmern.

No jo! – er wusste schon; nur wie zu helfen wäre, wusste er nicht. Was soll er ihm zu essen geben? Um zu vertragen, was er hinunterschlingt, dazu gehört ein anderer Magen, als so ein Kleines hat … Aber – verfluchte Krot! – jetzt kam ihm eine Eingebung, jetzt wusste er auf einmal doch, wie zu helfen wäre. Aber – verfluchte Krot! Dieses Mittel konnte er nicht ergreifen – lieber verhungern. Der Entschluss saß eisenfest in seinem oberösterreichischen Dickschädel … Freilich dämmerte ihm eine Erkenntnis auf, von der er gestern keine Ahnung gehabt hatte – verhungern lassen ist noch etwas ganz anderes als verhungern. Das Kleine gab das Saugen am Ohrläppchen auf; davon wurde es ja doch nicht satt. In stiller Verzweiflung schlossen sich seine kaum dem Lichte geöffneten Augen, und Provi fühlte es nur noch ganz leise zittern.

Gequält und scheu blickte er zur toten Spitzin nieder. Ja, wenn das Junge leben soll, darf man ihm die Mutter nicht erschlagen.

»No, so kumm!«, stieß er plötzlich hervor und sprang aus dem Stall in den Verschlag und schritt resolut vorwärts und dem Dorfe zu, biss die Zähne zusammen, dass sie knirschten, sah nicht rechts noch links und ging unaufhaltsam weiter.

Noch rührte sich nichts auf den Feldern, erst in der Nähe der Häuser fing es an ein wenig lebendig zu werden. Ein schlaftrunkener Bäckerjunge schritt über die Straße zum Brunnen, der Knecht des Lohbauers spannte einen dicken Rotschimmel vor den Streifwagen. Aus dem Tor des Wirtshauses kam die alte Magd, von jeher Provis erklärte Feindin. Voll Misstrauen beobachtete sie sein Herannahen, erhob die Faust und befahl ihm, sich zu packen. Ihn störte das nicht, er ging an ihr vorbei wie einer, der mit dem Kopfe durch die Wand will. Finster und entschlossen, das Kinn auf die Brust gepresst, trat er durch die offene Küchentür. Die Wirtin, die am Herde stand, wandte sich … »Grad zum Fürchten« sah der Bub aus, und seine Stimme klang so rau und hatte etwas so Schmerzhaftes, als ob ihr Ton die Kehle zerrisse, durch die er gepresst wurde: »Schoberwirtin, Frau Schoberwirtin, i bitt um a Müalch.«

Das war die Wendung in einem Menschenherzen und in einem Menschenschicksal.

Er lasst die Hand küssen

»So reden Sie denn in Gottes Namen!«, sprach die Gräfin, »ich werde Ihnen zuhören; glauben aber – nicht ein Wort.«

Der Graf lehnte sich behaglich zurück in seinem großen Lehnsessel: »Und warum nicht?«, fragte er.

Sie zuckte leise mit den Achseln: »Vermutlich erfinden Sie nicht überzeugend genug.«

»Ich erfinde gar nicht, ich erinnere mich. Das Gedächtnis ist meine Muse.«

»Eine einseitige, wohldienerische Muse! Sie erinnert sich nur der Dinge, die Ihnen in den Kram passen. Und doch gibt es auf Erden noch manches Interessante und Schöne außer dem – Nihilismus.« Sie hatte ihre Häkelnadel erhoben und das letzte Wort wie einen Schuss gegen ihren alten Verehrer abgefeuert.

Er vernahm es ohne Zucken, strich behaglich seinen weißen Bart und sah die Gräfin beinahe dankbar aus seinen klugen Augen an. »Ich wollte Ihnen etwas von meiner Großmutter erzählen«, sprach er. »Auf dem Wege hierher, mitten im Walde, ist es mir eingefallen.«

Die Gräfin beugte den Kopf über ihre Arbeit und murmelte: »Wird eine Räubergeschichte sein.«

»O nichts weniger! So friedlich wie das Wesen, durch dessen Anblick jene Erinnerung in mir wachgerufen wurde, Mischka IV. nämlich, ein Urenkel des ersten Mischka, der meiner Großmutter Anlass zu einer kleinen Übereilung gab, die ihr später leidgetan haben soll«, sagte der Graf mit etwas affektierter Nachlässigkeit und fuhr dann wieder eifrig fort: »Ein sauberer Heger, mein Mischka, das muss man ihm lassen! Er kriegte aber auch keinen geringen Schrecken, als ich ihm unvermutet in den Weg trat – hatte ihn vorher schon eine Weile beobachtet … Wie ein Käfersammler schlich er herum, die Augen auf den Boden geheftet, und was hatte er im Laufe seines Gewehres stecken? Denken Sie: – ein Büschel Erdbeeren!«

»Sehr hübsch!«, versetzte die Gräfin. »Machen Sie sich darauf gefasst – in Bälde wandern Sie zu mir herüber durch die Steppe, weil man Ihnen den Wald fortgetragen haben wird.«

»Der Mischka wenigstens verhindert's nicht.«

»Und Sie sehen zu?«

»Und ich sehe zu. Ja, ja, es ist schrecklich. Die Schwäche liegt mir im Blut – von meinen Vorfahren her.« Er seufzte ironisch und sah die Gräfin mit einer gewissen Tücke von der Seite an.

Sie verschluckte ihre Ungeduld, zwang sich zu lächeln und suchte ihrer Stimme einen möglichst gleichgültigen Ton zu geben, indem sie sprach: »Wie wär's, wenn Sie noch eine Tasse Tee trinken und die Schatten Ihrer Ahnen heute einmal unbeschworen lassen würden? Ich hätte mit Ihnen vor meiner Abreise noch etwas zu besprechen.«

»Ihren Prozess mit der Gemeinde? – Sie werden ihn gewinnen.«

»Weil ich Recht habe.«

»Weil Sie vollkommen Recht haben.«

»Machen Sie das den Bauern begreiflich. Raten Sie ihnen, die Klage zurückzuziehen.«

»Das tun sie nicht.«

»Verbluten sich lieber, tragen lieber den letzten Gulden zum Advokaten. Und zu welchem Advokaten, guter Gott! … ein ruchloser Rabulist. Dem glauben sie, mir nicht, und wie mir scheint, Ihnen auch nicht, trotz all Ihrer Popularitätshascherei.«

Die Gräfin richtete die hohe Gestalt empor und holte tief Atem. »Gestehen Sie, dass es für diese Leute, die so töricht vertrauen und misstrauen, besser wäre, wenn ihnen die Wahl ihrer Ratgeber nicht freistände.«

»Besser wär's natürlich! Ein bestellter Ratgeber, und – auch bestellt – der Glaube an ihn.«

»Torheit!«, zürnte die Gräfin.

»Wieso? Sie meinen vielleicht, der Glaube lasse sich nicht bestellen? … Ich sage Ihnen, wenn ich vor vierzig Jahren meinem Diener eine Anweisung auf ein Dutzend Stockprügel gab und dann den Rat, aufs Amt zu gehen, um sie einzukassieren, nicht einmal im Rausch wäre es ihm eingefallen, dass er etwas Besseres tun könnte als diesen meinen Rat befolgen.«

»Ach, Ihre alten Schnurren! – Und ich, die gehofft hatte, Sie heute ausnahmsweise zu einem vernünftigen Gespräch zu bringen!«

Der alte Herr ergötzte sich eine Weile an ihrem Ärger und sprach dann: »Verzeihen Sie, liebe Freundin. Ich bekenne, Unsinn geschwatzt zu haben. Nein, der Glaube lässt sich nicht bestellen, aber leider der Gehorsam ohne Glauben. Das eben war das Unglück des armen Mischka und so mancher anderer, und deshalb bestehen heutzutage die Leute darauf, wenigstens auf ihre eigene Fasson ins Elend zu kommen.«

Die Gräfin erhob ihre nachtschwarzen, noch immer schönen Augen gegen den Himmel, bevor sie dieselben wieder auf ihre Arbeit senkte und mit einem Seufzer der Resignation sagte: »Die Geschichte Mischkas also!«

»Ich will sie so kurz machen als möglich«, versetzte der Graf, »und mit dem Augenblick beginnen, in dem meine Großmutter zum ersten Mal auf ihn aufmerksam wurde. Ein hübscher Bursche muss er gewesen sein; ich besinne mich eines Bildes von ihm, das ein Künstler, der sich einst im Schlosse aufhielt, gezeichnet hatte. Zu meinem Bedauern fand ich es nicht im Nachlass meines Vaters und weiß doch, dass er es lange aufbewahrt hat, zum Andenken an die Zeiten, in welchen wir noch das *jus gladii* ausübten.«

»O Gott!«, unterbrach ihn die Gräfin, »spielt das *jus gladii* eine Rolle in Ihrer Geschichte?«

Der Erzähler machte eine Bewegung der höflichen Abwehr und fuhr fort: »Es war bei einem Erntefest und Mischka einer der Kranzträger, und er überreichte den seinen schweigend, aber nicht mit gesenkten Augen, sah vielmehr die hohe Gebieterin ernsthaft und unbefangen an, während ein Aufseher im Namen der Feldarbeiter die übliche Ansprache herunterleierte.

Meine Großmutter erkundigte sich nach dem Jungen und hörte, er sei ein Häuslerssohn, zwanzig Jahre alt, ziemlich brav, ziemlich fleißig und so still, dass er als Kind für stumm gegolten hatte, für dummlich galt er noch jetzt. – Warum? wollte die Herrin wissen; warum galt er für dummlich? ... Die befragten Dorfweisen senkten die Köpfe, blinzelten einander verstohlen zu und mehr als: ›So – ja eben so‹, und: ›Je nun, wie's schon ist‹, war aus ihnen nicht herauszubringen.

Nun hatte meine Großmutter einen Kammerdiener, eine wahre Perle von einem Menschen. Wenn er mit einem Vornehmen sprach, verklärte sich sein Gesicht dergestalt vor Freude, dass es beinahe leuchtete. Den schickte meine

Großmutter anderen Tages zu den Eltern Mischkas mit der Botschaft, ihr Sohn sei vom Feldarbeiter zum Gartenarbeiter avanciert und habe morgen den neuen Dienst anzutreten.

Der eifrigste von allen Dienern flog hin und her und stand bald wieder vor seiner Gebieterin. ›Nun‹, fragte diese, ›was sagen die Alten?‹ Der Kammerdiener schob das rechte, auswärts gedrehte Bein weit vor …«

»Waren Sie dabei?«, fiel die Gräfin ihrem Gaste ins Wort.

»Bei dieser Referenz gerade nicht, aber bei späteren des edlen Fritz«, erwiderte der Graf, ohne sich irremachen zu lassen. »Er schob das Bein vor, sank aus Ehrfurcht völlig in sich zusammen und meldete, die Alten schwämmen in Tränen der Dankbarkeit.

›Und der Mischka?‹

›Oh, der‹ – lautete die devote Antwort, und nun rutschte das linke Bein mit anmutigem Schwunge vor – ›oh, der – der lasst die Hand küssen.‹

Dass es einer Tracht väterlicher Prügel bedurft hatte, um den Burschen zu diesem Handkuss in Gedanken zu bewegen, verschwieg Fritz. Die Darlegung der Gründe, die Mischka hatte, die Arbeit im freien Felde der im Garten vorzuziehen, würde sich für Damenohren nicht geschickt haben. – Genug, Mischka trat die neue Beschäftigung an und versah sie schlecht und recht. ›Wenn er fleißiger wäre, könnt's nicht schaden‹, sagte der Gärtner. Dieselbe Bemerkung machte meine Großmutter, als sie einmal vom Balkon aus zusah, wie die Wiese vor dem Schlosse gemäht wurde. Was ihr noch auffiel, war, dass alle anderen Mäher von Zeit zu Zeit einen Schluck aus einem Fläschchen taten, das sie unter einem Haufen abgelegter Kleider hervorzogen und wieder darin verbargen. Mischka war der Einzige, der, diesen Quell der Labung verschmähend, sich aus einem irdenen, im Schatten des Gebüsches aufgestellten Krüglein erquickte. Meine Großmutter rief den Kammerdiener. ›Was haben die Mäher in der Flasche?‹, fragte sie. – ›Branntwein, hochgräfliche Gnaden.‹ – ›Und was hat Mischka in dem Krug?‹

Fritz verdrehte die runden Augen, neigte den Kopf auf die Seite, ganz wie unser alter Papagei, dem er ähnlich sah wie ein Bruder dem anderen, und antwortete schmelzenden Tones: ›Mein Gott, hochgräfliche Gnaden – Wasser!‹

Meine Großmutter wurde sogleich von einer mitleidigen Regung ergriffen und befahl, allen Gartenarbeitern nach vollbrachtem Tagewerk Branntwein zu reichen. ›Dem Mischka auch‹, setzte sie noch eigens hinzu.

Diese Anordnung erregte Jubel. Dass Mischka keinen Branntwein trinken wollte, war einer der Gründe, warum man ihn für dummlich hielt. Jetzt freilich, nachdem die Einladung der Frau Gräfin an ihn ergangen, war's aus mit Wollen und Nichtwollen. Als er in seiner Einfalt sich zu wehren versuchte, ward er Mores gelehrt, zur höchsten Belustigung der Alten und der Jungen. Einige rissen ihn auf den Boden nieder, ein handfester Bursche schob ihm einen Keil zwischen die vor Grimm zusammengebissenen Zähne, ein Zweiter setzte ihm das Knie auf die Brust und goss ihm so lange Branntwein ein, bis sein Gesicht so rot und der Ausdruck desselben so furchtbar wurde, dass die übermütigen Quäler sich selbst davor entsetzten. Sie gaben ihm etwas Luft, und gleich hatte er sie mit einer wütenden Anstrengung abgeschüttelt, sprang auf und ballte die Fäuste … aber plötzlich sanken seine Arme, er taumelte und fiel zu

Boden. Da fluchte, stöhnte er, suchte mehrmals vergeblich sich aufzuraffen und schlief endlich auf dem Fleck ein, auf den er hingestürzt war, im Hofe, vor der Scheune, schlief bis zum nächsten Morgen, und als er erwachte, weil ihm die aufgehende Sonne auf die Nase schien, kam just der Knecht vorbei, welcher ihm gestern den Branntwein eingeschüttet hatte. Der wollte schon die Flucht ergreifen, nichts anderes erwartend, als dass Mischka für die gestrige Misshandlung Rache üben werde. Stattdessen reckt sich der Bursche, sieht den anderen traumselig an und lallt: ›Noch einen Schluck!‹

Sein Abscheu vor dem Branntwein war überwunden.

Bald darauf, an einem Sonntagnachmittag, begab es sich, dass meine Großmutter auf ihrer Spazierfahrt, von einem hübschen Feldweg gelockt, ausstieg und bei Gelegenheit dieser Wanderung eine idyllische Szene belauschte. Sie sah Mischka unter einem Apfelbaum am Feldrain sitzen, ein Kindlein in seinen Armen. Wie er selbst, hatte auch das Kind den Kopf voll dunkelbrauner Löckchen, der wohlgebildete kleine Körper hingegen war von lichtbrauner Farbe, und das armselige Hemdchen, das denselben notdürftig bedeckte, hielt die Mitte zwischen den beiden Schattierungen. Der kleine Balg krähte förmlich vor Vergnügen, sooft ihn Mischka in die Höhe schnellte, stieß mit den Füßchen gegen dessen Brust und suchte ihm mit dem ausgestreckten Zeigefinger in die Augen zu fahren. Und Mischka lachte und schien sich mindestens ebenso gut zu unterhalten wie das Bübchen. Dem Treiben der beiden sah ein junges Mädchen zu, auch ein braunes Ding und so zart und zierlich, als ob ihre Wiege am Ganges gestanden hätte. Sie trug über dem geflickten kurzen Rocke eine ebenfalls geflickte Schürze und darin einen kleinen Vorrat aufgelesener Ähren. Nun brach sie eine derselben vom Stiele, schlich sich an Mischka heran und ließ ihm die Ähre zwischen der Haut und dem Hemd ins Genick gleiten. Er schüttelte sich, setzte das Kind auf den Boden und sprang dem Mädchen nach, das leicht und hurtig und ordentlich wie im Tanze vor ihm floh; einmal pfeilgerade, dann wieder einen Garbenschober umkreisend, voll Ängstlichkeit und dabei doch neckend und immer höchst anmutig. Allerdings ist bei unseren Landleuten eine gewisse angeborene Grazie nichts Seltenes, aber diese beiden jungen Geschöpfe gewährten in ihrer harmlosen Lustigkeit ein so angenehmes Schauspiel, dass meine Großmutter es mit wahrem Wohlgefallen genoss. Einen anderen Eindruck brachte hingegen ihr Erscheinen auf Mischka und das Mädchen hervor. Wie versteinert standen beide beim Anblick der Gutsherrin. Er, zuerst gefasst, neigte sich beinahe bis zur Erde, sie ließ die Schürze samt den Ähren sinken und verbarg das Gesicht in den Händen.

Beim Souper, an welchem, wie an jeder Mahlzeit, der Hofstaat, bestehend aus einigen armen Verwandten und aus den Spitzen der gräflichen Behörden, teilnahm, sagte meine Großmutter zum Herrn Direktor, der neben ihr saß: ›Die Schwester des Mischka, des neuen Gartenarbeiters, scheint mir ein nettes, flinkes Mädchen zu sein, und ich wünsche, es möge für die Kleine ein Posten ausgemittelt werden, an dem sie sich etwas verdienen kann.‹ Der Direktor erwiderte: ›Zu Befehl, hochgräfliche Gnaden, sogleich … obwohl der Mischka meines Wissens eine Schwester eigentlich gar nicht hat.‹

›Ihres Wissens‹, versetzte meine Großmutter, ›das ist

auch etwas, Ihr Wissen! … Eine Schwester hat Mischka und ein Brüderchen. Ich habe heute alle drei auf dem Felde gesehen.‹

›Hm, hm‹, lautete die ehrerbietige Entgegnung, und der Direktor hielt die Serviette vor den Mund, um den Ton seiner Stimme zu dämpfen, ›es wird wohl – ich bitte um Verzeihung des obszönen Ausdrucks – die Geliebte Mischkas und, mit Respekt zu sagen, ihr Kind gewesen sein.‹«

Der unwilligen Zuhörerin dieser Erzählung wurde es immer schwerer, an sich zu halten, und sie rief nun: »Sie behaupten, dass Sie nicht dabei waren, als diese denkwürdigen Reden gewechselt wurden? Woher wissen Sie denn nicht nur über jedes Wort, sondern auch über jede Miene und Gebärde zu berichten?«

»Ich habe die meisten der Beteiligten gekannt und weiß – ein bisschen Maler, ein bisschen Dichter, wie ich nun einmal bin –, weiß aufs Haar genau, wie sie sich in einer bestimmten Lage benommen und ausgedrückt haben müssen. Glauben Sie Ihrem treuen Berichterstatter, dass meine Großmutter nach der Mitteilung, welche der Direktor ihr gemacht, eine Wallung des Zornes und der Menschenverachtung hatte. Wie gut und fürsorglich für ihre Untertanen sie war, darüber können Sie nach dem bisher Gehörten nicht im Zweifel sein. Im Punkte der Moral jedoch verstand sie nur äußerste Strenge, gegen sich selbst nicht minder als gegen andere. Sie hatte oft erfahren, dass sie bei Männern und Frauen der Sittenverderbnis nicht zu steuern vermöge, der Sittenverderbnis bei halbreifen Geschöpfen jedoch, der musste ein Zügel angelegt werden können. – Meine Großmutter schickte ihren Kammerdiener wieder zu den Eltern Mischkas. Mit der Liebschaft des Burschen habe es aus zu sein. Das sei eine Schande für so einen Buben, ließ sie sagen, ein solcher Bub habe an andere Dinge zu denken.

Der Mischka, der zu Hause war, als die Botschaft kam, schämte sich in seine Haut hinein …«

»Es ist doch stark, dass Sie jetzt gar in der Haut Mischkas stecken wollen!«, fuhr die Gräfin höhnisch auf.

»Bis über die Ohren!«, entgegnete der Graf, »bis über die Ohren steck ich darin! Ich fühle, als wäre ich es selbst, die Bestürzung und Beschämung, die ihn ergriff. Ich sehe ihn, wie er sich windet in Angst und Verlegenheit, einen scheuen Blick auf Vater und Mutter wirft, die auch nicht wissen, wo ein und aus vor Schrecken, ich höre sein jammervoll klingendes Lachen bei den Worten des Vaters: ›Erbarmen Sie sich, Herr Kammerdiener! Er wird ein Ende machen, das versteht sich, gleich wird er ein Ende machen!‹

Diese Versicherung genügte dem edlen Fritz, er kehrte ins Schloss zurück und berichtete, glücklich über die treffliche Erfüllung seiner Mission, mit den gewohnten Kniebeugungen und dem gewohnten demütigen und freudestrahlenden Ausdruck in seiner Vogelphysiognomie: ›Er lasst die Hand küssen, er wird ein Ende machen.‹«

»Lächerlich!«, sagte die Gräfin.

»Höchst lächerlich«, bestätigte der Graf. »Meine gute, vertrauensselige Großmutter hielt die Sache damit für abgetan, dachte auch nicht weiter darüber nach. Sie war sehr in Anspruch genommen durch die Vorbereitungen zu den großen Festen, die alljährlich am zehnten September, ihrem Geburtstage, im Schlosse gefeiert wurden und einen Vor- und Nachtrab von kleinen Festen hatten. Da kam die ganze Nachbarschaft zusammen, und Dejeuners auf dem grünen Teppich der Wiesen, Jagden, Pirutschaden, Soupers bei schönster Waldbeleuchtung, Bälle – und so weiter folgten einander in fröhlicher Reihe … Man muss gestehen, unsere Alten verstanden Platz einzunehmen und Lärm zu machen in der Welt. Gott weiß, wie langweilig und öde unser heutiges Leben auf dem Schlosse ihnen erscheinen müsste.«

»Sie waren eben große Herren«, entgegnete die Gräfin bitter, »wir sind auf das Land zurückgezogene Armenväter.«

»Und – Armenmütter«, versetzte der Graf mit einer galanten Verneigung, die von derjenigen, der sie galt, nicht eben gnädig aufgenommen wurde. Der Graf aber nahm sich das Missfallen, das er erregt hatte, keineswegs zu Herzen, sondern spann mit hellem Erzählerbehagen den Faden seiner Geschichte fort: »So groß der Dienertross im Schlosse auch war, während der Dauer der Festlichkeiten genügte er doch nicht, und es mussten da immer Leute aus dem Dorfe zur Aushilfe requiriert werden. Wie es kam, dass sich gerade dieses Mal auch Mischkas Geliebte unter ihnen befand, weiß ich nicht; genug, es war der Fall, und die beiden Menschen, die einander hätten meiden sollen, wurden im Dienste der Gebieterin noch öfter zusammengeführt, als dies in früheren Tagen bei der gemeinsamen Feldarbeit geschehen war. Er, mit einem Botengang betraut, lief vom Garten in die Küche, sie von der Küche in den Garten – manchmal trafen sie sich auch unterwegs und verweilten plaudernd ein Viertelstündchen …«

»Äußerst interessant!«, spottete die Gräfin – »wenn man doch nur wüsste, was sie einander gesagt haben.«

»Oh, wie Sie schon neugierig geworden sind! – aber ich verrate Ihnen nur, was unumgänglich zu meiner Geschichte gehört. – Eines Morgens lustwandelte die Schlossfrau mit ihren Gästen im Garten. Zufällig lenkte die Gesellschaft ihre Schritte nach einem selten betretenen Laubgang und gewahrte am Ende desselben ein junges Pärchen, das, aus verschiedenen Richtungen kommend, wie freudig überrascht stehen blieb. Der Bursche, kein anderer als Mischka, nahm das Mädchen rasch in die Arme und küsste es, was es sich ruhig gefallen ließ. Ein schallendes Gelächter brach los – von den Herren und, ich fürchte, auch von einigen der Damen ausgestoßen, die der Zufall zu Zeugen dieses kleinen Auftritts gemacht hatte. Nur meine Großmutter nahm nicht teil an der allgemeinen Heiterkeit. Mischka und seine Geliebte stoben natürlich davon. Der Bursche – man hat es mir erzählt«, kam der Graf scherzend einer voraussichtlichen Einwendung der Gräfin entgegen –, »glaubte in dem Augenblick sein armes Mädchen zu hassen. Am selben Abend jedoch überzeugte er sich des Gegenteils, als er nämlich erfuhr, die Kleine werde mit ihrem Kinde nach einer anderen Herrschaft der Frau Gräfin geschickt; zwei Tagereisen weit für einen Mann, für eine Frau, die noch dazu ein anderthalb Jahre altes Kind mitschleppen musste, wohl noch einmal so viel. – Mehr als: ›Herrgott! Herrgott! o du lieber Herrgott!‹ sprach Mischka nicht, gebärdete sich wie ein Träumender, begriff nicht, was man von ihm wolle, als es hieß, an die Arbeit gehen – warf plötzlich den Rechen, den ein Gehilfe ihm samt einem erweckenden Rippenstoß verabfolgte, auf den Boden und rannte ins Dorf, nach dem Hüttchen, in dem seine Geliebte bei ihrer kranken Mutter wohnte, das heißt gewohnt hatte, denn nun war es damit vorbei. Die Kleine stand reisefertig am Lager der völlig gelähmten Alten, die ihr nicht einmal zum Abschiedssegen die Hand aufs Haupt legen konnte und die bitterlich weinte. ›Hört jetzt auf zu weinen‹, sprach die Tochter, ›hört auf, liebe Mutter. Wer soll Euch denn die Tränen abwischen, wenn ich einmal fort bin?‹

Sie trocknete die Wangen ihrer Mutter und dann auch ihre eigenen mit der Schürze, nahm ihr Kind an die Hand und das Bündel mit ihren wenigen Habseligkeiten auf den Rücken und ging ihres Weges an Mischka vorbei und wagte nicht einmal, ihn anzusehen. Er aber folgte ihr von weitem, und als der Knecht, der dafür zu sorgen hatte, dass sie ihre Wanderung auch richtig antrete, sie auf der Straße hinter dem Dorfe verließ, war Mischka bald an ihrer Seite, nahm ihr das Bündel ab, hob das Kind auf den Arm und schritt so neben ihr her.

Die Feldarbeiter, die in der Nähe waren, wunderten sich: ›Was tut er denn, der Tropf? … Geht er mit? Glaubt er, weil er so dumm ist, dass er nur so mitgehen kann?‹

Bald nachher kam keuchend und schreiend der Vater Mischkas gerannt: ›Oh, ihr lieben Heiligen! Heilige Mutter Gottes! Hab ich mir's doch gedacht – seiner Dirne läuft er nach, bringt uns noch alle ins Unglück … Mischka! Sohn – mein Junge! … Nichtsnutz! Teufelsbrut!‹, jammerte und fluchte er abwechselnd.

Als Mischka die Stimme seines Vaters hörte und ihn mit drohend geschwungenem Stocke immer näher herankommen sah, ergriff er die Flucht, zur größten Freude des Knäbleins, das ›Hott! hott!‹ jauchzte. Bald jedoch besann er sich, dass er seine Gefährtin, die ihm nicht so rasch folgen konnte, im Stich gelassen, wandte sich und lief zu ihr zurück. Sie war bereits von seinem Vater erreicht und zu Boden geschlagen worden. Wie wahnsinnig raste der Zornige, schlug drein mit den Füßen und mit dem Stocke und ließ seinen ganzen Grimm über den Sohn an dem wehrlosen Geschöpfe aus.

Mischka warf sich dem Vater entgegen, und ein furchtbares Ringen zwischen den beiden begann, das mit der völligen Niederlage des Schwächeren, des Jüngeren, endete. Windelweich geprügelt, aus einer Stirnwunde blutend, gab er den Kampf und den Widerstand auf. Der Häusler fasste ihn am Hemdkragen und zerrte ihn mit sich; der armen kleinen Frau aber, die sich inzwischen mühsam aufgerafft hatte, rief er zu: ›Mach fort!‹

Sie gehorchte lautlos, und selbst die Arbeiter auf dem Felde, stumpfes, gleichgültiges Volk, fühlten Mitleid und sahen ihr lange nach, wie sie so dahinwankte mit ihrem Kinde, so hilfsbedürftig und so völlig verlassen.

In der Nähe des Schlosses trafen Mischka und sein Vater den Gärtner, den der Häusler sogleich als ›gnädiger Herr‹ ansprach und flehentlichst ersuchte, nur eine Stunde Geduld zu haben mit seinem Sohne. In einer Stunde werde Mischka gewiss bei der Arbeit sein; jetzt müsse er nur geschwind heimgehen und sich waschen und sein Hemd auch. Der Gärtner fragte: ›Was ist ihm denn? Er ist ja ganz blutig.‹ – ›Nichts ist ihm‹, lautete die Antwort, ›er ist nur von der Leiter gefallen.‹

Mischka hielt das Wort, das sein Vater für ihn gegeben, und war eine Stunde später richtig wieder bei der Arbeit. Am Abend aber ging er ins Wirtshaus und trank sich einen Rausch an, den ersten freiwilligen, war überhaupt seit dem Tage wie verwandelt. Mit dem Vater, der ihn gern versöhnt hätte, denn Mischka war, seitdem er im Schlossgarten Beschäftigung gefunden, ein Kapital geworden, das Zinsen trug, sprach er kein Wort, und von dem Gelde, das er verdiente, brachte er keinen Kreuzer nach Hause. Es wurde teils für Branntwein verausgabt, teils für Unterstützungen, die Mischka der Mutter seiner Geliebten angedeihen ließ; und diese zweite Verwendung des von dem Burschen Erworbenen erschien dem Häusler als der ärgste Frevel, den sein Sohn an ihm begehen konnte. Dass der arme Teufel, der arme Eltern hatte, etwas wegschenkte, an eine Fremde wegschenkte, der Gedanke wurde der Alp des Alten, sein nagender Wurm. – Je wütender der Vater sich gebärdete, desto verstockter zeigte sich der Sohn. Er kam zuletzt gar nicht mehr nach Hause, oder höchstens einmal im Geheimen, wenn er den Vater auswärts wusste, um die Mutter zu sehen, an der ihm das Herz hing. Diese Mutter …« der Graf machte eine Pause – »Sie, liebe Freundin, kennen sie, wie ich sie kenne.«

»Ich soll sie kennen? … Sie lebt noch?«, fragte die Gräfin ungläubig.

»Sie lebt; nicht im Urbilde zwar, aber in vielfachen Abbildern. Das kleine schwächliche, immer bebende Weiblein mit dem sanften, vor der Zeit gealterten Gesicht, mit den Bewegungen des verprügelten Hundes, das untertänigst in sich zusammensinkt und zu lächeln versucht, wenn eine so hohe Dame, wie Sie sind, oder ein so guter Herr, wie ich bin, ihm einmal zuruft: ›Wie gehts?‹ und in demütigster Freundlichkeit antwortet: ›Vergelt's Gott – wie's eben kann.‹ – Gut genug für unsereins, ist seine Meinung, für ein Lasttier in Menschengestalt. Was dürfte man anders verlangen, und wenn man's verlangte, wer gäbe es einem? – Du nicht, hohe Frau, und du nicht, guter Herr …«

»Weiter, weiter!«, sprach die Gräfin. »Sind Sie bald zu Ende?«

»Bald. – Der Vater Mischkas kam einst zu ungewohnter Stunde nach der Hütte und fand da seinen Jungen. ›Zur Mutter also kann er kommen, zu mir nicht‹, schrie er, schimpfte beide Verräter und Verschwörer und begann Mischka zu misshandeln, was sich der gefallen ließ. Als der Häusler sich jedoch anschickte, auch sein Weib zu züchtigen, fiel der Bursche ihm in den Arm. Merkwürdig genug, warum just damals? Wenn man ihn gefragt hätte, wie oft er den Vater die Mutter schlagen sah, hätte er antworten müssen: ›So viel Jahre, als ich ihrer denke, mit dreihundertfünfundsechzig multipliziert, das gibt die Zahl.‹ – Und die ganze Zeit hindurch hatte er dazu geschwiegen, und heute loderte beim längst gewohnten Anblick plötzlich ein unbezwinglicher Zorn in ihm empor. Zum zweiten Male nahm er gegen den Vater Partei für das schwächere Geschlecht, und dieses Mal blieb er Sieger. Er scheint aber mehr Entsetzen als Freude über seinen Triumph empfunden zu haben. Mit einem heftigen Aufschluchzen rief er dem Vater, der nun klein beigeben wollte, rief er der weinenden Mutter zu: ›Lebt wohl, mich seht ihr nie wieder!‹ und stürmte davon. Vierzehn Tage lang hofften die Eltern umsonst auf seine Rückkehr, er war und blieb verschwunden. Bis ins Schloss gelangte die Kunde seiner Flucht; meiner Großmutter wurde angezeigt, Mischka habe seinen Vater halbtot geschlagen und sich dann davongemacht. Nun aber war es nach der Verletzung des sechsten Gebotes diejenige des vierten, die von meiner Großmutter am schärfsten verdammt wurde; gegen schlechte und undankbare Kinder kannte sie keine Nachsicht … Sie befahl, auf den Mischka zu fahnden, sie befahl, seiner habhaft zu werden, um ihn heimzubringen zu exemplarischer Bestrafung.

Ein paarmal war die Sonne auf- und untergegangen, da stand eines Morgens Herr Fritz an der Gartenpforte und blickte auf die Landstraße hinaus. Lau und leise wehte der Wind über die Stoppelfelder, die Atmosphäre war voll feinen Staubes, den die Allverklärerin Sonne durchleuchtete und goldig schimmern ließ. Ihre Strahlen bildeten in dem beweglichen Element reizende kleine Milchstraßen, in denen Milliarden von winzigen Sternchen aufblitzten. Und nun kam durch das flunkernde, tanzende Atomengewimmel eine schwere, graue Wolkensäule, bewegte sich immer näher und rollte endlich so nahe an der Pforte vorbei, dass Fritz deutlich unterscheiden konnte, wen sie umhüllte. Zwei Heiducken waren es und Mischka. Er sah aus, blass und hohläugig wie der Tod, und wankte beim Gehen. In den Armen trug er sein Kind, das die Händchen um seinen Hals geschlungen, den Kopf auf seine Schulter gelegt hatte und schlief. Fritz öffnete das Tor, schloss sich der kleinen Karawane an, holte rasch einige Erkundigungen ein und schwebte dann, ein Papagei im Taubenfluge, ins Haus, über die Treppe, in den Saal hinein, in welchem meine Großmutter eben die sonnabendliche Ratsversammlung hielt. Der Kammerdiener, von dem Glücksgefühl getragen, das Bedientenseelen beim Überbringen einer neuesten Nachricht zu empfinden pflegen, rundete ausdrucksvoll seine Arme und sprach, vor Wonne fast platzend: ›Der Mischka lasst die Hand küssen. Er ist wieder da.‹

›Wo war er?‹, fragte meine Großmutter.

›Mein Gott, hochgräfliche Gnaden‹ – lispelte Fritz, schlug mehrmals schnell nacheinander mit der Zunge an den Gaumen und blickte die Gebieterin so zärtlich an, als die tiefste, unterwürfigste Knechtschaft es ihm nur irgend erlaubte. ›Wo wird er gewesen sein … Bei seiner Geliebten. Ja‹, bestätigte er, während die Herrin, empört über diesen frechen Ungehorsam, die Stirn runzelte, ›ja, und gewehrt hat er sich gegen die Heiducken, und dem Janko hat er, ja, beinahe ein Auge ausgeschlagen.‹

Meine Großmutter fuhr auf: ›Ich hätte wirklich Lust, ihn henken zu lassen.‹

Alle Beamten verneigten sich stumm; nur der Oberförster warf nach einigem Zagen die Behauptung hin: ›Hochgräfliche Gnaden werden es aber nicht tun.‹

›Woher weiß Er das?‹, fragte meine Großmutter mit der strengen Herrschermiene, die so vortrefflich wiedergegeben ist auf ihrem Bilde und die mich gruseln macht, wenn ich im Ahnensaal an ihm vorübergehe. ›Dass ich mein Recht über Leben und Tod noch nie ausgeübt habe, bürgt nicht dafür, dass ich es nie ausüben werde.‹

Wieder verneigten sich alle Beamten, wieder trat Schweigen ein, das der Inspektor unterbrach, indem er die Entscheidung der Gebieterin in einer wichtigen Angelegenheit erbat. Erst nach beendigter Konferenz erkundigte er sich gleichsam privatim nach der hohen Verfügung betreffs Mischkas.

Und nun beging meine Großmutter jene Übereilung, von der ich im Anfang sprach.

›Fünfzig Stockprügel‹, lautete ihr rasch gefällter Urteilsspruch; ›gleich heute, es ist ohnehin Samstag.‹

Der Samstag war nämlich zu jener Zeit, deren Sie«, diesem Worte gab der Graf eine besondere, sehr schalkhafte Betonung, »sich unmöglich besinnen können, der Tag der Exekutionen. Da wurde die Bank vor das Amtshaus gestellt …«

»Weiter, weiter!«, sagte die Gräfin, »halten Sie sich nicht auf mit unnötigen Details.«

»Zur Sache denn! – An demselben Samstag sollten die letzten Gäste abreisen, es herrschte große Bewegung im Schlosse, meine Großmutter, mit den Vorbereitungen zu einer Abschiedsüberraschung, die sie den Scheidenden bereiten ließ, beschäftigt, kam spät dazu, Toilette zum Diner zu machen, und trieb ihre Kammerzofen zur Eile an. In diesem allerungünstigsten Momente ließ der Doktor sich anmelden. Er war unter allen Dignitären der Herrin derjenige, der am wenigsten in Gnaden bei ihr stand, verdiente es auch nicht besser, denn einen langweiligeren, schwerfälligeren Pedanten hat es nie gegeben.

Meine Großmutter befahl, ihn abzuweisen, er aber kehrte sich nicht daran, sondern schickte ein zweites Mal und ließ die hochgeborene Frau Gräfin untertänigst um Gehör bitten, er hätte nur ein paar Worte über den Mischka zu sprechen.

›Was will man denn noch mit dem?‹, rief die Gebieterin; ›gebt mir Ruhe, ich habe andere Sorgen.‹

Der zudringliche Arzt entfernte sich murrend.

Die Sorgen aber, von denen meine Großmutter gesprochen hatte, waren nicht etwa frivole, sondern solche, die zu den peinvollsten gehören – Sorgen, für welche Ihnen, liebe Freundin, allerdings das Verständnis und infolgedessen auch das Mitleid fehlt – Poetensorgen.«

»O mein Gott!«, sagte die Gräfin unbeschreiblich wegwerfend, und der Erzähler entgegnete: »Verachten Sie's, soviel Sie wollen, meine Großmutter besaß poetisches Talent, und es manifestierte sich deutlich in dem Schäferspiel *Les adieux de Chloë*, das sie gedichtet und den Darstellern selbst einstudiert hatte. Das Stückchen sollte nach der Tafel, die man im Freien abhielt, aufgeführt werden, und der Dichterin, obwohl sie ihres Erfolges ziemlich sicher war, bemächtigte sich, je näher der entscheidende Augenblick kam, eine desto weniger angenehme Unruhe. Beim Dessert, nach einem feierlichen, auf die Frau des Hauses ausgebrachten Toast, gab jene ein Zeichen. Die mit Laub überflochtenen Wände, welche den Einblick in ein aus beschnittenen Buchenhecken gebildetes Halbrund verdeckt hatten, rollten auseinander, und eine improvisierte Bühne wurde sichtbar. Man erblickte die Wohnung der Hirtin Chloë, die mit Rosenblättern bestreute Moosbank, auf der sie schlief, den mit Tragant überzogenen Hausaltar, an dem sie betete, und den mit einem rosafarbigen Band umwundenen Rocken, an dem sie die schneeig weiße Wolle ihrer Lämmchen spann. Als idyllische Schäferin besaß Chloë das Geheimnis dieser Kunst. Nun trat sie selbst aus einem Taxusgange, und hinter ihr schritt ihr Gefolge, darunter ihr Liebling, der Schäfer Myrtill. Alle trugen Blumen, und in vortrefflichen Alexandrinern teilte nun die zarte Chloë dem aufmerksam lauschenden Publikum mit, dies seien die Blumen der Erinnerung, gepflückt auf dem Felde der Treue und bestimmt, dargebracht zu werden auf dem Altar der Freundschaft. Gleich nach dieser Eröffnung brach ungemessener Jubel im Auditorium los und steigerte sich von Vers zu Vers. Einige Damen, die Racine kannten, erklärten, er könne sich vor meiner Großmutter verstecken, und einige Herren, die ihn nicht kannten, bestätigten es. Sie aber konnte über die Echtheit des Enthusiasmus, den ihre Dichtung erweckte, nicht im Zweifel sein. Die Ovationen dauerten noch fort, als die Herrschaften schon ihre Wagen oder ihre Pferde bestiegen hatten und teils in stattlichen Equipagen, teils in leichten Fuhrwerken, teils auf flinken Rossen aus dem Hoftor rollten oder sprengten.

Die Herrin stand unter dem Portal des Schlosses und winkte den Scheidenden grüßend und für ihre Hochrufe dankend zu. Sie war so friedlich und fröhlich gestimmt, wie dies einem Selbstherrscher, auch des kleinsten Reiches, selten zuteilwird. Da – eben im Begriff, sich ins Haus zurückzuwenden – gewahrte sie ein altes Weiblein, das in respektvoller Entfernung vor den Stufen des Portals kniete. Es hatte den günstigsten Augenblick wahrgenommen und sich durch das offen stehende Tor, im Gewirr und Gedränge unbemerkt, hereingeschlichen. Jetzt erst wurde es von einigen Lakaien erblickt. Sogleich rannten sie, Herrn Fritz an der Spitze, auf das Weiblein zu, um es gröblich hinwegzuschaffen. Zum allgemeinen Erstaunen jedoch winkte meine Großmutter die dienstfertige Meute ab und befahl zu fragen, wer die Alte sei und was sie wolle. Im nämlichen Moment räusperte sich's hinter der Gebieterin und nieste, und den breitkrempigen Hut in der einen Hand und mit der anderen die Tabaksdose im Busen verbergend, trat der Herr Doktor bedächtig heran: ›Es ist, hm, hm, hochgräfliche Gnaden werden entschuldigen‹, sprach er, ›es ist die Mutter des Mischka.‹

›Schon wieder Mischka, hat das noch immer kein Ende mit dem Mischka? … Und was will die Alte?‹

›Was wird sie wollen, hochgräfliche Gnaden? Bitten wird sie für ihn wollen, nichts anderes.‹

›Was denn bitten? Da gibt's nichts zu bitten.‹

›Freilich nicht, ich habe es ihr ohnehin gesagt, aber was nutzt's? Sie will doch bitten, hm, hm.‹

›Ganz umsonst, sagen Sie ihr das. Soll ich nicht mehr aus dem Hause treten können, ohne zu sehen, wie die Gartenarbeiter ihre Geliebten embrassieren?‹

Der Doktor räusperte sich, und meine Großmutter fuhr fort: ›Auch hat er seinen Vater halbtot geschlagen.‹

›Hm, hm, er hat ihm eigentlich nichts getan, auch nichts tun wollen, nur abhalten, die Mutter nicht ganz totzuschlagen.‹

›So?‹

›Ja, hochgräfliche Gnaden. Der Vater, hochgräfliche Gnaden, ist ein Mistvieh, hat einen Zahn auf den Mischka, weil der der Mutter seiner Geliebten manchmal ein paar Kreuzer zukommen lässt.‹

›Wem?‹

›Der Mutter seiner Geliebten, hochgräfliche Gnaden, ein erwerbsunfähiges Weib, dem sozusagen die Quellen der Subsistenzmittel abgeschnitten worden sind … dadurch, dass man die Tochter fortgeschickt hat.‹

›Schon gut, schon gut! … Mit den häuslichen Angelegenheiten der Leute verschonen Sie mich, Doktor, da mische ich mich nicht hinein.‹

Der Doktor schob mit einer breiten Gebärde den Hut unter den Arm, zog das Taschentuch und schneuzte sich diskret. ›So werde ich also der Alten sagen, dass es nichts ist.‹ Er machte, was die Franzosen *une fausse sortie* nennen, und setzte hinzu: ›Freilich, hochgräfliche Gnaden, wenn es nur wegen des Vaters wäre …‹

›Nicht bloß wegen des Vaters, er hat auch dem Janko ein Auge ausgeschlagen.‹

Der Doktor nahm eine wichtige Miene an, zog die Augenbrauen so hoch in die Höhe, dass seine dicke Stirnhaut förmliche Wülste bildete, und sprach: ›Was dieses Auge betrifft, das sitzt fest und wird dem Janko noch gute Dienste leisten, sobald die Sugillation, die sich durch den erhaltenen Faustschlag gebildet hat, aufgesaugt sein wird. Hätte mich auch gewundert, wenn der Mischka imstande gewesen wäre, einen kräftigen Hieb zu führen nach der Behandlung, die er von den Heiducken erfahren hat. Die Heiducken, hochgräfliche Gnaden, haben ihn übel zugerichtet.‹

›Seine Schuld; warum wollte er ihnen nicht gutwillig folgen.‹

›Freilich, freilich, warum wollte er nicht? Vermutlich, weil sie ihn vom Sterbebette seiner Geliebten abgeholt haben – da hat er sich schwer getrennt … Das Mädchen, hm, hm, war in anderen Umständen, soll vom Vater des Mischka sehr geprügelt worden sein, bevor sie die Wanderung angetreten hat. Und dann – die Wanderung, die weit ist, und die Person, hm, hm, die immer schwach gewesen ist … kein Wunder, wenn sie am Ziele zusammengebrochen ist.‹

Meine Großmutter vernahm jedes Wort dieser abgebrochenen Sätze, wenn sie sich auch den Anschein zu geben suchte, dass sie ihnen nur eine oberflächliche Aufmerksamkeit schenkte. ›Eine merkwürdige Verkettung von Fatalitäten‹, sprach sie, ›vielleicht eine Strafe des Himmels.‹

›Wohl, wohl‹, nickte der Doktor, dessen Gesicht zwar immer seinen gleichmütigen Ausdruck behielt, sich aber allmählich purpurrot gefärbt hatte. ›Wohl, wohl, des Himmels, und wenn der Himmel sich bereits dreingelegt hat, dürfen hochgräfliche Gnaden ihm vielleicht auch das Weitere in der Sache überlassen … ich meine nur so!‹ schaltete er, seine vorlaute Schlussfolgerung entschuldigend, ein –

›und dieser Bettlerin‹, er deutete nachlässig auf die Mutter Mischkas, ›huldvollst ihre flehentliche Bitte erfüllen.‹

Die kniende Alte hatte dem Gespräch zu folgen gesucht, sich aber mit keinem Laut daran beteiligt. Ihre Zähne schlugen vor Angst aneinander, und sie sank immer tiefer in sich zusammen.

›Was will sie denn eigentlich?‹, fragte meine Großmutter.

›Um acht Tage Aufschub, hochgräfliche Gnaden, der ihrem Sohne diktierten Strafe untersteht sie sich zu bitten, und ich, hochgräfliche Gnaden, unterstütze das Gesuch, durch dessen Genehmigung der Gerechtigkeit besser Genüge geschähe, als heute der Fall sein kann.‹

›Warum?‹

›Weil der Delinquent in seinem gegenwärtigen Zustande den Vollzug der ganzen Strafe schwerlich aushalten würde.‹

Meine Großmutter machte eine unwillige Bewegung und begann langsam die Stufen des Portals niederzusteigen. Fritz sprang hinzu und wollte sie dabei unterstützen. Sie aber winkte ihn hinweg: ›Geh aufs Amt‹, befahl sie, ›Mischka ist begnadigt.‹

›Ah!‹, stieß der treue Knecht bewundernd hervor und enteilte, während der Doktor bedächtig die Uhr aus der Tasche zog und leise vor sich hin brummte: ›Hm, hm, es wird noch Zeit sein, die Exekution dürfte eben begonnen haben.‹

Das Wort ›begnadigt‹ war von der Alten verstanden worden; ein Gewinsel der Rührung, des Entzückens drang von ihren Lippen, sie fiel nieder und drückte, als die Herrin näher trat, das Gesicht auf die Erde, als ob sie sich vor so viel Größe und Hoheit dem Boden förmlich gleichzumachen suche.

Der Blick meiner Großmutter glitt mit einer gewissen Scheu über dieses Bild verkörperter Demut: ›Steh auf‹, sagte sie und zuckte zusammen und horchte … und alle Anwesenden horchten erschaudernd, die einen starr, die andern mit dem albernen Lachen des Entsetzens. Aus der Gegend des Amtshauses hatten die Lüfte einen grässlichen Schrei herübergetragen. Er schien ein Echo geweckt zu haben in der Brust des alten Weibleins, denn es erhob stöhnend den Kopf und murmelte ein Gebet …

›Nun?‹, fragte einige Minuten später meine Großmutter den atemlos herbeistürzenden Fritz: ›Hast du's bestellt?‹

›Zu dienen‹, antwortete Fritz mit seinem süßesten Lächeln: ›Er lasst die Hand küssen, er ist schon tot.‹« –

»Fürchterlich!«, rief die Gräfin aus, »und das nennen Sie eine friedliche Geschichte?«

»Verzeihen Sie die Kriegslist, Sie hätten mich ja sonst nicht angehört«, erwiderte der Graf. »Aber vielleicht begreifen Sie jetzt, warum ich den sanftmütigen Nachkommen Mischkas nicht aus dem Dienst jage, obwohl er meine Interessen eigentlich recht nachlässig vertritt.«

Zur Textgestalt

Die Texte *Krambambuli* und *Er lasst die Hand küssen* folgen der Ausgabe:

> Marie von Ebner-Eschenbach: Das Gemeindekind. Novellen. Aphorismen. Hrsg. und mit einem Nachw. versehen von Johannes Klein. München: Winkler, 1956.

Die Erzählung *Die Spitzin* folgt der Ausgabe:

> Marie von Ebner-Eschenbach: Erzählungen. Autobiographische Schriften. Hrsg. und mit einem Nachwort versehen von Johannes Klein. München: Winkler, 1958.

Die Orthographie wurde auf der Grundlage der gültigen Rechtschreibregeln behutsam modernisiert, die Interpunktion folgt der Druckvorlage.

Anmerkungen

7,1 *Krambambuli:* auch: Crambambuli. Danziger Wacholderschnaps mit intensiv roter Farbe.

7,9 *vazierenden:* vazieren: (obd.) veraltet für: (dienst)frei haben, unbesetzt sein, leer stehen; von lat. *vacare*, vgl. auch *vakant*, *Vakanz* u. Ä.

7,24 *Stutzen:* Stutzbüchse, Stutzer, seit dem 18. Jahrhundert obd. für: kurzes Gewehr; wörtl. ›Stumpf, verkürztes Ding‹.

8,11 *Kondition:* hier: körperliche Verfassung, Leistungsfähigkeit, Zustand, Beschaffenheit; von lat. *conditio*.

8,22 *Piedestal:* (lat., germ., ital.-frz.) Fußgestell, Sockel für Figuren und Vasen; frz. *pied*, ital. *piede* ›Fuß‹, lat.-ital. *stare* ›stehen‹.

8,25 *heiligen Hubertus:* Der heilige Hubertus gilt als Schutzpatron der Jagd, für manche aber auch als der erste Jagdgegner, weil er sich der Legende nach, nachdem ihm ein Hirsch erschien, von der Jagd losgesagt hat. Außerdem gilt er u. a. als Patron der Hunde und als Helfer gegen Tollwut.

10,10 *Dilemma:* (griech.-lat.) Wahl zwischen zwei (unangenehmen) Dingen, Zwangslage; lat. *dilaminare* ›entzweispalten‹.

11,19 *Tarock:* Siebenkönigsspiel mit 78 Karten für drei Spieler, im Deutschen seit dem 18. Jahrhundert, aus ital. *tarocco* übernommen.

11,24 *Präsent:* (lat.-frz.) anwesend, gegenwärtig.

12,3 *Heger:* Hüter eines Geheges, Waldaufseher; mhd., nhd. *hegen* ›bewahren, pflegen‹.

13,7 *Rudimente:* Anfangsgründe, auch: Bruchstücke, Reste; lat. *rudimentum* ›der erste Unterricht, erste Versuch‹.

13,12 f. *Exekution:* (lat.) Vollstreckung eines Urteils, Bestrafung, Hinrichtung.

13,14 *Lindenrondell:* Rondell, Rundell: Rundteil, Rundbeet; frz. *rond, -e* ›rund‹.

13,19 *Eichkätzchen:* (reg.) Eichhörnchen.

14,20 *Hinterlader:* Feuerwaffe, die durch die hintere Öffnung des Laufs geladen wird.

15,19 f. *Spintisieren:* (neulat.) ugs. für: grübeln, ausklügeln, Unsinniges denken oder reden; Anfang des 16. Jahrhunderts, vermutlich Weiterbildung zu ›spinnen‹.

15,23 *recte:* (lat.) richtig, recht, wohl.

15,30 *Gendarmerie:* (frz.) seit dem 19. Jahrhundert Bezeichnung für Polizei in Landbezirken, Landjägerei; ursprünglich schwergepanzerte Reiter, dann Reiterregiment (besonders in Preußen).

17,9 *Juchtenriemen:* Juchten: aus poln. *jucht* oder russ. *juht'*, gegerbtes Rind- oder Kalbleder, mit Birkenteeröl getränkt.

17,10 *Passion:* mhd. *passie, passiōn* ›Leiden(sgeschichte) Christi‹; aus spätlat. *passiō* ›Leiden, Erdulden, Krankheit‹. Seit dem 17. Jahrhundert auch jüngere Bedeutung über frz. *passion* ›Leidenschaft, Vorliebe, Liebhaberei‹; hier in diesem Sinne gebraucht.

19,9 *Deserteur:* (frz.) Fahnenflüchtiger, Überläufer; lat. *deserere* ›verlassen, aufgeben, im Stich lassen‹.

Kalfakter: um 1500 aus lat. *calefactor* ›Warmmacher, Einheizer‹, später allgemein ›Aufwärter‹, durch Bedeutungsverschlechterung auch ›Streber, der sich zu niederen Diensten drängt‹; Schmeichler, Zwischenträger.

19,9 f. *Kanaille:* (frz.) Schuft, Schurke; lat. *canis* ›Hund‹, ital. *canaglia* ›Hundepack‹.

20,18 *Häusler:* Dorfbewohner, der kein eigenes Land besitzt, sondern nur ein kleines Haus bzw. zur Miete wohnt und deshalb als Landarbeiter oder Tagelöhner arbeitet; von mhd. *hiuseler.*

23,11 f. *Plachen:* Plahe, Blahe, Blache: grobes Leinentuch, Wagenplane.

24,25 *provisorischen:* vorläufigen, behelfsmäßigen, probeweisen; gelehrte Neubildung des 18. Jahrhunderts aus lat. *providere* ›vorhersehen, Vorsorge tragen‹.

25,1 *Abhub:* Speiserest, der von der Tafel abgetragen wird; Abfall.

25,25 *Lackel:* (süddt.-österr., ugs. abwertend) Tölpel, unbeholfener Mensch.

27,11 *impertinentes:* ungehöriges, freches, unverschämtes; aus spätlat. *impertinens* ›nicht zur Sache gehörend‹.

29,10 f. *Im Kopfe der Alten war ein »Radel laufet« worden:* ein Rädchen locker, etwas verrückt.

30,10 *Sticht dich der Hafer?:* Wirst du übermütig (wie ein gutgefüttertes Pferd)?

30,11 f. *Ration:* (frz.) im Deutschen seit dem 17. Jahrhundert in der Heeressprache üblich, zugeteiltes Maß, Anteil, täglicher Verpflegungssatz; aus lat. *ratio*, u. a. ›Rechnung, Rechenschaft‹; mlat. *ratiō* ›berechneter Anteil‹.

30,25 *Krot:* Kröte, mhd. *krot[te], krëte*. Das Schimpfwort bezieht sich auf das giftige Speien der Kröte.

31,13 *Teixel überananander:* Fluch; bedeutet etwa: Teufel noch mal!

37,13 *Nihilismus:* eine geistige Grundhaltung, die bestehende Lehr- und Glaubenssätze, allgemein gültige Werte und Anschauungen ablehnt oder verneint; vgl. lat. *nihil* ›nichts‹.

38,31 *Rabulist:* Wortverdreher, Haarspalter; lat. *rabula* ›Zungendrescher‹.

39,26 *Fasson:* Form, Muster, Art, Zuschnitt; im 15./16. Jahrhundert aus frz. *façon* entlehnt, das auf lat. *factio* (›das Machen‹; die Eigenart, etwas zu tun) zurückgeht.

40,9 *jus gladii:* (lat.) Recht des Schwertes, d. h. die Gerichtsbarkeit über Leben und Tod der Untertanen zur Zeit der Leibeigenschaft.

42,21 *Mores gelehrt:* Anstand lehren, erziehen, zur Vernunft bringen; nach lat. *mores* ›Sitten‹.

44,20 *Souper:* (germ.-gallorom.-frz.) anspruchsvolles Abendessen.

46,20 *Vogelphysiognomie:* Physiognomie (griech.): äußere Erscheinung eines Lebewesens, insbesondere Gesichtsausdruck.

46,30 *Dejeuners:* (frz.) *petit-déjeuner* ›Frühstück‹.

46,31 *Pirutschaden:* festliche Wagenfahrten innerhalb eines Parkgeländes.

47,18 *requiriert:* requirieren: etwas auf gewaltsame Weise beschaffen, wegnehmen; hier: zwangsweise zur Arbeit heranziehen; von lat. *requirere* ›verlangen, erfordern‹.

48,3 *Laubgang:* auch: Laubengang: offener Bogengang an Gebäuden; hier: durch Pflanzen überdachter Weg.

53,13 *Heiducken:* Haiduken, ursprünglich Bezeichnung eines ungarischen Volksstammes, dann eines leichten Reiters, schließlich eines Bedienten in der Tracht dieses Stammes; um 1700 durch den Wiener Hof vermittelt.

55,10 *Dignitären:* (lat.-frz.) Würdenträger, eigentlich Würdenträger der katholischen Kirche; vgl. lat. *dignitas* ›Würde, Ansehen‹, auch ›Ehrenstelle‹.

55,31 *Les adieux de Chloë:* (frz.) Der Abschied der Chloë; Chloë: antiker Name, in der Welt der Schäferspiele üblich, auch ein Beiname der Fruchtbarkeitsgöttin Ceres.

56,17 f. *Taxusgange:* Taxus (lat., bot.) ›Eibe(ngewächse)‹.

56,20 *Alexandrinern:* aus dem Frz. stammendes Versmaß, das für Theaterstücke v. a. im 17. Jahrhundert beliebt war; bevorzugtes Versmaß von Racine (s. Anm. 56,26).

56,25 *Auditorium:* Zuhörerschaft, Hörsaal; lat. *audire* ›hören‹.

56,26 *Racine:* Jean-Baptiste R. (1639–1699), französischer Tragödiendichter des Klassizismus.

56,30 *Ovationen:* begeisterter Beifall, Huldigung; lat. *ovatio* ›kleiner Triumph‹ bzw. *ovare* ›jubeln‹.

57,2 *Equipagen:* (frz.) herrschaftliche Kutschen, Luxuswagen.

57,14 *Lakaien:* herrschaftliche Diener in Livree; um 1500 frz. *laquais* ›Fußsoldat‹, vermutlich aus dem Spanischen und Türkischen.

58,3 *embrassieren:* veraltet für: umarmen, küssen; vgl. frz. *embrasser.*

58,17 *Subsistenzmittel:* veraltet für: Lebensunterhalt; lat. *subsistere* ›standhalten, aushalten, gewachsen sein‹.

58,25 *une fausse sortie:* (frz.) ein falscher (schlechter) Abgang.

59,3 *Sugillation:* blutunterlaufene Stelle; vgl. lat. *sugillatio* ›der blaue Fleck (vom Schlagen)‹.

59,23 f. *Fatalitäten:* Verhängnisse, Missgeschicke; lat. *fatalis* ›schicksalhaft, verhängnisvoll‹.

60,14 *Delinquent:* seit etwa 1600 Verbrecher, Übeltäter, Angeklagter; lat. *dēlinquere* ›etwas versehen, verschulden‹.

Nachwort

> »Wie er aber aus dem Hause trat, stieß sein Fuß an denjenigen, den er in der Ferne zu suchen ausging. Krambambuli lag verendet vor ihm, den Kopf an die Schwelle gepresst, die zu überschreiten er nicht mehr gewagt hatte.« (S. 21)

Mit Krambambuli hat Marie von Ebner-Eschenbach nicht nur einen der berühmtesten Hunde der Literatur geschaffen, sondern auch der Treue des Hundes ein Denkmal gesetzt. Krambambuli, ein wundervoller Hund, der seinen Namen vom gleichnamigen Getränk, eigentlich einem Danziger Wacholderschnaps, hat, trägt diesen nicht zufällig: In der Eingangsszene wird der Hund von seinem Besitzer, einem Forstgehilfen ohne Beschäftigung, gegen zwölf Flaschen Danziger Kirschbranntwein eingetauscht. Doch der neue Besitzer, der Revierjäger Hopp, hat nicht gleich seine Freude an ihm: Das Tier will sich nicht von seinem alten Besitzer trennen, so dass es am Ende zu einem Bündel geschnürt weggetragen werden muss. Und auch im neuen Zuhause angekommen, will sich der Hund nicht recht eingewöhnen – statt Dankbarkeit seinem neuen Herrn gegenüber verspürt der Hund eine derart heftige Sehnsucht nach seinem alten, eigentlichen Besitzer, dass er zwei Monate lang bei jeder Gelegenheit zu fliehen versucht. Schließlich gibt er auf und unterwirft sich dem neuen Herrn, dessen Liebe zu seinem neuen Begleiter die zu seiner Frau bald zu übertreffen scheint. Die Verbindung zwischen Mensch und Tier scheint vollkommen: Krambambuli gehorcht Hopp aufs Wort, und nicht nur das – er scheint die Worte seines

Herrn auch zu verstehen. Der gegenseitigen Liebe und Treue zwischen Mensch und Tier ist sich Hopp dermaßen sicher, dass er es zwei Jahre später ohne den geringsten Zweifel auf eine Probe ankommen lässt. Als die Gräfin ihn um den Hund als Geschenk zum Geburtstag ihres Gatten, des Herrn Grafen, bittet, zögert Hopp nicht eine Sekunde: »Hochgräfliche Gnaden! Wenn der Hund im Schlosse bleibt, nicht jede Leine zerbeißt, nicht jede Kette zerreißt, oder wenn er sie nicht zerreißen kann, sich bei den Versuchen, es zu tun, erwürgt, dann behalten ihn Hochgräfliche Gnaden umsonst – dann ist er mir nichts mehr wert.« (S. 10/11). Und sein Glaube an Krambambuli wird belohnt: Schon nach wenigen Wochen wird ihm das Tier wieder ausgehändigt, da der Graf keine Freude an ihm habe. Der Hund hatte dessen Geduld allzu sehr mit seinen Ausbruchsversuchen strapaziert.

Doch die Treue, die den stolzen Besitzer des Krambambuli so sehr freut, wird dem Tier am Ende zum Verhängnis. Als es zum dramatischen Finale zwischen dem ursprünglichen Besitzer, der mittlerweile sein Unwesen als Wilderer treibt, und dem neuen Besitzer kommt, weiß das arme Tier nicht, zu wem es halten soll. Hin- und hergerissen zwischen den beiden Männern, entscheidet es sich schließlich unter Qualen für seinen ursprünglichen Besitzer und bleibt noch an dessen Seite, als dieser von Hopp getötet worden ist. Als sei er sich seiner Schuld dem Jäger gegenüber bewusst, traut er sich von nun an nicht mehr in dessen Nähe und verhungert schließlich jämmerlich gerade in dem Moment, als Hopp sich eingesteht, dass er ohne das Tier, auch wenn es sich der Untreue ihm gegenüber schuldig gemacht hat, nicht sein möchte.

Die Treue des Hundes selbst über den Tod hinaus – den des Herrn und den eigenen – ist absolut bedingungslos: Sie kennt keine Moral, da sie keinen Unterschied macht zwischen dem guten Jäger und dem bösen Herumtreiber, und sie kennt keinen Egoismus, da sie demjenigen, von dem Krambambuli nunmehr seit Jahren das Futter bekommt und der ihn gut behandelt, nicht mehr gehört als demjenigen, der ihn schlecht behandelt und gegen Schnaps verkauft hatte. Sie ist ein Gefühl, das stärker ist als alle persönlichen Vorteile und das vielleicht nur jenseits der menschlichen Vernunft und zivilisatorischen Moral gefunden werden kann. Das ehrliche Herz des Hundes gemahnt an die Reinheit der Gefühle, die in der Aufklärung nicht nur von Rousseau in der Natur, im Zustand des ›edlen Wilden‹, verklärt wird. Das Tier, das kein Urteil kennt, lehrt uns, hinter dem, was aus dem Individuum durch die Schattenseiten der Gesellschaft geworden ist, den Menschen zu sehen – ungeachtet dessen, als was er erscheint. Zugleich ist es aber auch das tragische Schicksal desjenigen, der in dieser Gesellschaft nicht auf seinen eigenen Vorteil bedacht ist.

Die Geschichte des Krambambuli, sosehr sie uns eine Botschaft übermitteln will, ist dennoch vom ›echten Leben‹ inspiriert: Wie wir auch aus den Erinnerungen des Neffen von Marie von Ebner-Eschenbach erfahren, ist Vorbild ein Hund, den dessen Vater, der Bruder von Ebner-Eschenbach, von einer fahrenden Truppe kauft. Der Besitzer hatte den Hund beinahe totgeschlagen, weil er ihm – fast verhungert – ein Stück Fleisch gestohlen hatte. Der Bruder kauft den Hund, hat aber die größten Probleme, diesen wegzuführen, und als nach einem Jahr die Truppe um den ehemaligen Besitzer wieder auftaucht, reißt der

Hund aus (Franz Dubsky, »Erinnerungen an Marie von Ebner-Eschenbach«, in: Marie von Ebner-Eschenbach, *Krambambuli und andere Erzählungen*, Stuttgart: Reclam 2001, S. 50–60). Die Parallelen zu Krambambuli, auch darin, dass der Hund des Bruders drei Wochen braucht, um sich an seinen neuen Herrn anzuschließen, diesem danach aber treu ergeben ist, sind offensichtlich.

Inspirationen aus dem echten Leben finden wir in vielen weiteren literarischen Werken Ebner-Eschenbachs. Auch die Protagonistin des 1880 erschienenen Romans *Lotti, die Uhrmacherin*, die sich gegen alle Gepflogenheiten der Zeit gegen die Ehe und für eine Uhrmacherausbildung entscheidet, um sich in einer Männerdomäne zu behaupten, trägt autobiographische Züge Ebner-Eschenbachs, die selbst in die Fußstapfen ihres Vaters tritt und sich mit dem Metier des Uhrmachens befasst (Marie von Ebner-Eschenbach, *Lotti, die Uhrmacherin*, Stuttgart 2019, S. 189). Das Erlebte steht hier Pate für die Literatur, die zugleich das wahre Leben abbilden und eine ästhetisch-ethische Botschaft vermitteln soll. Damit reiht sich Ebner-Eschenbach in die in der zweiten Hälfte des 19. Jahrhunderts aktuelle Strömung des Realismus ein. Ihre Vorbilder sind Schiller, Goethe, Lessing und nicht zuletzt Gottfried Keller, der als einer der wichtigsten Vertreter des poetischen Realismus in seinen Novellen die dramatischen Konflikte zwischen Individuum und Gesellschaft, zwischen menschlichem Schicksal und unmenschlich erscheinenden Moralvorstellungen der Gesellschaft beleuchtet. Diese ist in der Mitte des 19. Jahrhunderts gekennzeichnet durch eine Reihe von Veränderungen. Die Industrialisierung, die politischen Umbrüche der Revolution von 1848 und der Wandel des Weltbildes sind allesamt Prozesse, denen gegenüber der Einzelne, vor allem der einfachere Mensch, hilf- und haltlos erscheint. Gerade mit den einfachen Menschen, mit Bürgern und Bauern, Dorfbewohnern, Angehörigen des in den Städten durch die Industrialisierung neu entstehenden Proletariats, mit den Armen und Hilflosen beschäftigt sich der Realismus. Er hat als literarische Strömung des 19. Jahrhunderts auch die untersten Bevölkerungsschichten literaturfähig gemacht, welche nicht die großen Konflikte des Adels, wie sie uns die Tragödien zeigen, austragen, sondern die kleinen, dadurch aber nicht weniger tragischen Konflikte des bescheidenen Individuums, das nicht die Geschicke von Staaten lenkt, sondern von den existentiellen Sorgen und Nöten des Lebens gequält wird.

Die Nöte des Einzelnen sind auch für Ebner-Eschenbach ein wichtiges Thema ihrer Texte, die sich mit den Spannungen zwischen Gesellschaft und Individuum, Adel und einfachen Menschen, aber auch zwischen Treue und Käuflichkeit, ›Abstammungs-Adel‹ und ›Gefühls-Adel‹ befassen. Die beiden anderen, in der vorliegenden Ausgabe versammelten Texte, sind exemplarische Texte für diese Auseinandersetzung. In *Die Spitzin* finden wir ein weiteres Mal einen Hund, dessen reine Gefühle dem Menschen als Vorbild dienen können. Die Hündin, die vom Protagonisten Provi und seinen Freunden schon zum Krüppel gequält worden ist, vertraut Provi dennoch, nachdem dieser sich ihr freundlich und beruhigend nähert – dass er dies in der hinterhältigen Absicht tut, sie abzulenken, während der andere ihr drei der vier neugeborenen Jungen wegnimmt, um sie zu ertränken, ist eine Tragik, die dem Leser ans Herz gehen muss. Das arme Tier, für das es Hinterhalt und Falschheit nicht gibt, vertraut Provi, obwohl dieser sie fast zu Tode geprügelt hat, sterbend ihr Junges an. Diese Geste eines Tieres, das in den Nächten zuvor unermüdlich und verzweifelt die drei ihm gestohlenen Jungen gesucht hat und damit für Provi zum Inbegriff einer fürsorglichen Mutter wird, ist der Wendepunkt der Novelle. Provi, der von einer Truppe »Zigeuner« (S. 23) im Dorf zurückgelassen wurde und dessen Mutter sich auch auf Zeitungsannoncen hin nicht gemeldet hatte, erkennt in der Spitzin die Mutter, die er nie hatte und die er sich insgeheim, trotz seiner vermeintlichen Härte und Gefühllosigkeit, sehnlichst wünscht.

Die Sorge um ihr Junges und das Vertrauen, das sie Provi entgegenbringt, lassen in diesem, der von fremden Menschen aufgezogen wurde und Zuneigung zuvor weder empfangen noch empfunden hatte, zum ersten Mal eine Gefühlsregung entstehen: »Eine fremde, unwiderstehliche Macht ergriff ihn, umwirbelte ihn wie ein Sturm«, und: »Sein Herz wollte ihm zerspringen, ein Strom von wildem Leid, von quälender Pein durchtobte es und erschütterte es bis auf den Grund« (S. 33). Auf diese Weise entdeckt Provi das, was wir als Regung von Humanität oder Ethik bezeichnen könnten: »Freilich dämmerte ihm eine Erkenntnis auf, von der er gestern keine Ahnung gehabt hatte – verhungern lassen ist noch etwas ganz anderes als verhungern« (S. 33 f.). Die Novelle vermittelt dem Leser verschiedene Botschaften, denen eines gemeinsam ist: das Gefühl als Sitz einer universalen Ethik jenseits von Ständen und äußeren Umständen. Auf der einen Seite haben wir Provi, der als gefühllos, egoistisch, dickköpfig, stolz – er weigert sich trotz seiner absoluten Armut und Not, Milch von der Schoberin zu erbitten – und gewaltbereit bis zum Sadismus dargestellt wird. Das Ende der Novelle zeigt uns aber, dass Provi in seinem Innersten, seiner Seele oder seinem Herzen, kein schlechter Mensch ist, und die Erklärung wird schon im Verlauf der Handlung gegeben: der Junge »wurde geprügelt, beschimpft, verachtet und gehasst und prügelte, beschimpfte, verachtete und hasste wieder« (S. 25). Es sind also die äußeren Umstände, die das Waisenkind zu dem von allen verachteten und letztlich asozialen Jungen werden lassen. Damit greift Ebner-Eschenbach eine Theorie auf, die im Laufe des 19. Jahrhunderts zunehmend in den Blick rückt: die Erkenntnis, dass das Individuum nicht einfach so geboren wird, wie es ist, sondern durch verschiedene Faktoren, nicht zuletzt die äußeren Umstände, zu dem wird, als das es in der Folge erscheint. Die berühmt gewordene These des französischen Soziologen Hippolyte Taine von *race*, *milieu* und *moment*, also Abstammung, sozialem Umfeld und historischer Situation, die einen Menschen zu dem machen, was er ist, hatte einen großen Einfluss auf die literarischen Strömungen des Realismus und vor allem des Naturalismus.

Auf der anderen Seite haben wir in der Spitzin ein Tier, das in seinen Gefühlen als dem Menschen überlegen dargestellt wird: Ihre Liebe zu ihren Jungen wird zumindest aus Provis Perspektive der fehlenden Liebe seiner eigenen Mutter zu ihm selbst gegenübergestellt. Doch ist es nicht nur die Mutterliebe, die hier in ihrer natürlichen Urform, unbeeinflusst von äußeren Zwängen, Zivilisation und Entfremdung, gezeigt wird. Die Spitzin zeigt in ihrem Vertrauen, das sie Provi entgegenbringt, zunächst auch eine Naivität, die als Reinheit der Gefühle interpretiert werden kann: Als Tier und damit von der Zivilisation unverdorbenes Wesen ist ihr Falschheit völlig fremd. Sie kann sich nicht vorstellen, dass Provi sie nur aus Hinterlist beruhigt. Die Reinheit der Natur, hier verkörpert in der Figur des Hundes, steht der Falschheit und dem Kalkül der Gesellschaft gegenüber. So naiv und damit dumm die Hündin zunächst erscheint, als so treffsicher erweist sich ihre Intuition am Ende der Erzählung: Das Vertrauen, das sie Provi anfangs ungerechtfertigterweise entgegenbringt, erweist sich jetzt insofern als richtig, als in Provi menschliche Regungen erwachen und er damit den Welpen und auch sich selbst rettet. Eine Erkenntnis aus der Geschichte ist also durchaus auch die, dass es sich lohnt, hinter die durch die Lebensumstände geformte Fassade zu blicken und den wahren Kern eines Menschen zu suchen, oder pathetischer ausgedrückt: an das Gute im Menschen zu glauben.

Das unerschütterliche Vertrauen des Hundes, den Provi selbst erschlagen hat, sowie die bis zum letzten Atemzug anhaltende Sorge einer Mutter für ihr Kind sind es, die in der Novelle den Höhepunkt und in Provis Leben den Wendepunkt darstellen: »Das war die Wendung in einem Menschenherzen und in einem Menschenschicksal.« (S. 35) Damit haben wir in der *Spitzin* gleich drei Merkmale versammelt, die in der Novellentheorie des 19. Jahrhunderts eine zentrale Rolle spielen. Diese Merkmale sind die unerhörte (d. h. noch nie gehörte, neue) Begebenheit, auf die Goethe verweist, das zentrale Motiv oder Dingsymbol, das Paul Heyse in Anlehnung an eine berühmte Novelle des italienischen Novellen-Meisters Giovanni Boccaccio als ›Falke‹ bezeichnet, und die immer wieder thematisierte Nähe der Novelle zum Drama. Konkret bedeutet das für unsere Novelle: Die unerhörte Begebenheit ist die Szene, in der die

Hündin ihrem Mörder sterbend das eigene Junge anvertraut, das Dingsymbol die Hündin selbst, in deren Figur alle Sinnfäden der Handlung zusammenlaufen, und die Nähe zum Drama zeigt sich im dramatischen Höhe- und Wendepunkt am Ende der Novelle.

Die Novelle ist ein literarisches Genre, das ebenso traditionsreich wie problematisch ist – problematisch in dem Sinn, dass wohl keine literarische Form so viel diskutiert wurde, ohne dass man dabei jemals zu einer eindeutigen Definition gekommen wäre. Die formale Abgrenzung zu den ihr benachbarten Formen Roman und Erzählung ist schwierig, weil die Übergänge fließend sind, die inhaltlichen Bestimmungen verbleiben zum Teil im Vagen, gerade weil es eine jahrhundertelange Tradition gibt, deren Texte teilweise sehr unterschiedlich sind. Ein bedeutender Name für diese Tradition ist Giovanni Boccaccio, sein Novellenzyklus *Decamerone* die einflussreichste Novellensammlung der europäischen Literatur. Seine hundert Novellen sind in eine Rahmenhandlung eingebettet, eine Konstruktion, die zumindest für einen Strang der Novellentradition prägend bleiben soll und sich in Goethes *Unterhaltungen deutscher Ausgewanderten* (1795) ebenso zeigt wie in Gottfried Kellers Zyklus *Das Sinngedicht* (1881). Die Struktur von Rahmenhandlung und in ihr eingebetteter Erzählung finden wir in der dritten Novelle der vorliegenden Ausgabe, *Er lasst die Hand küssen*. Protagonisten der Rahmenhandlung sind eine Gräfin und ein Graf, der bei ihr zu Besuch ist und ihr eine Geschichte – die eigentliche Novelle – erzählt. Verbunden sind beide Handlungen über Mischka, der die Hauptperson der Binnenerzählung ist und dessen Nachkomme wiederum im Dienst des Grafen der Rahmenhandlung steht. Mischka, ein junger Arbeiter im Dienst der Gräfin, wird von dieser vom Feldarbeiter zum Gartenarbeiter auf ihrem Anwesen bestellt, weil er ihr aufgefallen war und sie ihm Gutes tun wollte. Die gute Absicht entwickelt sich aber auf eine verhängnisvolle Art und Weise, da Mischka, obwohl nicht verheiratet, mit einem Mädchen aus dem Dorf ein gemeinsames Kind hat. Sobald die Gräfin dies erfährt, will sie die beiden gewaltsam trennen – um das Seelenheil und den Anstand des Jungen nicht zu gefährden. Doch die Liebe und Treue Mischkas zu seiner Liebsten sind stärker, weder die Anordnungen der Gräfin noch die Schläge des Vaters können ihn von seiner kleinen Familie fernhalten. Als das Mädchen von der Gräfin in die Ferne verbannt und von seinem Vater zum Abschied auch noch verprügelt wird, stellt er sich gegen diesen und bringt ab diesem Moment sein Gehalt nicht mehr ins Elternhaus. Einen Teil gibt er für Schnaps im Wirtshaus aus, und mit einem Teil unterstützt er die bettlägerige Mutter seiner Geliebten, die durch den Weggang der Tochter keine Unterstützung mehr hat. Am Ende sterben beide: Das Mädchen, das mit dem zweiten Kind schwanger war, erliegt den Stockschlägen des Vaters, und Mischka, der vom Sterbebett der Geliebten weggeholt wurde, bricht tot unter den 50 von der Gräfin verhängten Stockschlägen zusammen. Der tragische Ausgang des Konflikts zwischen Adel und Dorfbewohnern in der Binnenerzählung, der letztlich aus an der Realität vorbeigehenden Moralvorstellungen der Gräfin heraus entsteht und aus der Blindheit des Adels für die Lebensumstände und Belange des Volkes, soll zur Erkenntnis der richtigen Handlungsweise in der Rahmenhandlung dienen. Der Graf erzählt sie der Gräfin, die ihn um seine

Meinung in einer gerichtlichen Auseinandersetzung mit ihren Untergebenen gebeten hatte – und hat sicherlich einen größeren Effekt, als jeder gutgemeinte Ratschlag ihn jemals haben könnte.

In allen drei hier vorliegenden Novellen wie auch in vielen anderen zeigt sich Marie von Ebner-Eschenbachs Talent für diese Form der Kurzprosa – ein Talent, das ihr den Ruf als die bedeutendste Schriftstellerin Österreichs unter ihren Zeitgenossen einbrachte. Sie war die erste Frau in der Geschichte, die den Ehrendoktortitel der Universität Wien verliehen bekam, ebenso wie den höchsten zivilen Orden Österreichs, das Ehrenkreuz für Kunst und Literatur, durch den österreichischen Kaiser persönlich. Dabei wollte sich die 1830 auf Schloss Zdislawitz bei Kremsier in Mähren als Marie Dubský geborene Schriftstellerin, inspiriert durch die leidenschaftliche Lektüre von Schiller und anderen Theaterautoren der Zeit, eigentlich als Dramatikerin einen Namen machen. Unterstützt durch ihren Ehemann und Cousin Moritz von Ebner-Eschenbach widmete sie sich – für die damalige Zeit ungewöhnlich, ja geradezu skandalös-emanzipiert – der Schriftstellerei. Allerdings erfolgt der Durchbruch nicht mit ihren frühen Theaterstücken, sondern erst spät und mit Prosa. Ihre erste Erzählung war ein Erfolg, ebenso wie ihr Roman *Lotti, die Uhrmacherin.* Doch ihre größte Berühmtheit erlangt sie durch kurze und kürzeste Formen: mit Erzählungen und Novellen sowie mit ihren *Aphorismen*, die 1879/80 erschienen. Das Konzise, Geistreich-Knappe, auf das Essenzielle Reduzierte, das Aphorismus und Novelle verbindet, entspricht dabei ganz dem literarischen Stil der Autorin. Sie neigt nicht zum ausschweifenden, poetisch-ausgeschmückten, metaphernreichen Erzählen, ihr Stil ist vielmehr präzise, ohne Schnörkel und Umwege, er bringt auf den Punkt, ohne dabei kalt zu erscheinen. Einblick in das Innere der Protagonisten gewährt sie durch erlebte Rede oder allwissende Passagen, ohne dabei sentimental zu werden. Dieser Stil, der ihr gemeinsam mit ihrem äußeren Erscheinen und Auftreten den Ruf des ›männlichen Zugriffs‹ eingetragen hat, ist sicherlich nicht zuletzt dem Umstand geschuldet, dass sich Marie von Ebner-Eschenbach in einer von Männern dominierten Welt behaupten musste, in der eine Frau leicht Gefahr lief, schon von vorneherein als rührseliges Frauenzimmer abgestempelt zu werden. Er ist aber auch sprachlicher Ausdruck von Ebner-Eschenbachs klaren ethischen und sozialen Überzeugungen. Von diesen Überzeugungen legt auch der Text *Erinnerungen an Marie von Ebner-Eschenbach* ein eindrückliches und intimes Zeugnis ab. Neben seinen Erinnerungen an die Tante, die nicht gestört werden durfte, weil sie arbeite, ohne dass es ihm dabei als Junge gelungen wäre, diese so streng zu respektierende Arbeit der Tante konkret zu sehen, sind da die Erinnerungen an eine Frau mit nicht kompromittierbaren Moralvorstellungen, die vor allem eines nicht duldeten: Arroganz und die Anmaßung, sich wegen eines zufällig besseren sozialen Standes anderen Menschen überlegen zu fühlen.

Diese Botschaft der Bescheidenheit und der Menschlichkeit, aber auch der Treue ist es, die alle drei Novellen vermitteln und die in den wohlkomponierten Sätzen einer Schriftstellerin, die mit großen Dichtern ihrer Zeit wie Paul Heyse und Franz Grillparzer im Austausch stand, noch heute ins Herz und in den Verstand zugleich treffen und bewegen. Sie sind immer aktuell, da sie überzeitliche Themen behandeln – dies zeigt sich auch daran, dass *Krambambuli* sogar mehrfach verfilmt wurde, zuletzt 1998 von Xaver Schwarzenberger.